Leader Culture

Lead the Way! Be Your Own Leader!

Leader Culture

Lead the Way! Be Your Own Leader!

力得文化
Leader Culture

致我們扭曲的記憶——前任

有關前任的記憶，就像蜿蜒曲折的迷宮
等到走出來的時候，才會明白
愛與成長都是痛出來的！

南陳——著

提及前任便想起幾年前的電影《前任攻略》，一對新人邀請各自的前任前來參加婚禮，他們攜手朗誦：「當代是自由戀愛，也是自由選擇的時代，人生的軌跡會因為任何一個人而改變，要不是遇到了你們，我怎會認識他？能讓前任來見證我們的婚禮，我們的愛情是多麼的無所畏懼。沒愛過幾個人渣，哪會真心愛上他？感謝前任為我們做了通往幸福的引路者和墊腳石。」這段「致前任」的話，其實也是對愛情和青春的致敬。

電影尾聲，男主角有一段口白：「他們那代人覺得東西壞了是可以修的，對我們來說，東西壞了就應該換，我們總覺得會有下一任，所以現任才會變成前任，直到這時我才明白，不是每一個人都能叫前任，前任也並非只是某個人，它是每個走過的人在心裡留下的痕跡。」前任不僅是前任，他們可能代表我們的青春，可能存在於我們的歲月，可能隱含著我們蛻變成現在模樣的軌跡，那些愛過、傷過我們的人，都證明了愛曾存在。

前任系列電影演到第三部，不能再牽手的人終究得走回各自的道途，就像列車到站時，該下車的人就會下車，各自轉乘，走向不同月台，展開迥異的人生旅程。你們不再擁有另一個人的時間和位移，也不再需要為對方取捨犧牲或委曲求全，你們變成彼此心中的刺和說不出口的痛。

待時光流逝，心境開始從悲痛仇恨變成沉默無語，然後偶爾不經意地想起那個人，才發現，那些癡狂瘋癲的、痛苦憤恨的、浪漫燦爛的曾經，都已為模糊的回憶；也才發現，關於前任的記憶其實已經扭曲，很多細節你想不起，很多概念你說不清，只剩隱隱約約的遺憾，隱隱約約的落寞還有隱隱約約的感謝，一切變得那樣曲折蜿蜒。

這一刻的你已成長，從關於前任的記憶中出走。而成長本身就是個疼痛的詞彙，不一定會得到什麼，卻一定會失去什麼。所以，當你明白愛情的本質是有得有失時，你就不會再輕易地對愛情患得患失，這恰好是前任慢慢教會我們的事。

願親愛的讀者們都能走出前任這座迷宮，找回真實而自在的自己，不對愛情失望，也不悔恨曾經受過傷。祝福前任一切安好，祝福自己過得更好，最重要的是歲月靜好。

目錄

編者序 003

第一章 終於看開，愛回不來

所有的回憶都在歪曲事實 012
人生若只如初「賤」 020
驚鴻一瞥終將化做瞎了狗眼 029
越長大，越遲鈍；越多情，越該死 037
永遠不和前任舊情復燃 044

第二章　我們變成了世上最熟悉的陌生人

接受一個你不愛的人，痛苦的是兩個人　054
難以自持的人往往容易假戲真做　062
長得醜還沒錢的男人，可能更花心　070
失戀時不做這三件事：吃東西、流淚、看電影　078
你只是討厭看見不夠理智的自己　085

第三章　還是重返寂寞，還是擁抱孤獨

被人記住，總是好的　094
年年花不同，歲歲人相似　102
不刷朋友圈的人，可能生活真的很貧瘠　109
你時常會覺得自己一無是處？恭喜你，答對了　116
人生不過是可憐之人與可恨之人的來回切換　124

第四章　開始懂了，快樂是選擇

錢多不一定會擁有快樂，但是錢少一定不會快樂　134
吵架並非最好的情話，掏錢包才是　142
真愛一個人，是願意一萬次放棄自由的　150
愛一個男人，就為他生個孩子　158
誰說老實木訥的人不可愛　166

第五章　把從前想了一遍，謝謝傷過我的人

別去恨前任，只怪自己太癡情　176
獨立背後都是眼淚，堅強裡頭全是傷疤　183
你不需要被所有人喜歡，你只需要被自己所喜歡　190
放心吧！他過得不好，你也不會開心的　199
就算上帝開錯了窗，也別失去打開另一道門的勇氣　208

第一章

終於看開，愛回不來

所有的回憶都在歪曲事實

接受不了現實生活的打擊，就會假想過去時代的美好。過去並沒有你想像的那麼好，越回憶，其實越虛幻。

很多人在分手後，會放不下前任，會將前任妖魔化，會陷入與前任的點滴回憶之中而追憶著那些曾經美好的歲月，又或者會反覆思量前任種種被誇大的惡行惡狀來讓自己能盡快忘記他。

許多人認為，自己的記憶真實地記錄了過去的一切。

其實不然。

記憶是隨著時間的改變而轉變的，它們不像硬碟中的儲存功能，能夠客觀而完整地記錄過去。相反地，回憶是被重建過、被扭曲了的，這種回憶甚至會受到我們當前的心態所影響，今天的思想和感受將會影響到我們如何看待昨日的起伏。

半夜兩點，當手機鈴聲響起時，我的內心是拒絕的。

這已經是第五次了，大半夜的發瘋，但是沒辦法，現在不接電話，第二天我的耳朵就要受到更大的摧殘，誰教失戀的人最大呢？

電話一接通，另一頭的聲音就帶著明顯的哭腔和醉意：「你說他到底為什麼要和我分手，我們倆曾經是那麼幸福，他那麼愛我，嗚嗚……」

那麼愛你？

呵呵，我已經懶得再翻白眼了，是你腦子有問題還是我眼睛有問題，麻煩帶上腦子再來跟我說話，好嗎？

沒錯，閨密香香失戀了——聽聽這痛徹心扉的語調，不知道的還以為有多麼轟轟烈烈、感天動地，還以為她被傷得有多深呢！要問她失戀的原因，還真不是什麼劈腿渣男的老套故事，完全是她咎由自取的結果。

香香大學畢業後，沒有去找工作，而選擇考研究所。去年研究所畢業了，她參加了一個旅行團做為自己的畢業旅行，拋棄了我們這些早起晚歸的上班狗，自己一個人享受去了。

香香去的是法國的普羅旺斯——薰衣草的故鄉，一個極其浪漫的地方。我們都笑著說，如果香香在那邊不來一場豔遇的話，就不用回來見我們了。沒想到，還真讓她這瞎貓碰上了死耗子。

當時香香和在旅遊團裡剛認識的朋友到酒吧放鬆，然後就遇見了那個男生。

據香香回憶，當時她憂鬱地坐在吧檯上小酌，男生優雅地走過來，為她點了一杯雞尾酒。當時光影綽約，男生高大威武，一瞬間讓她驚為天人，從此萬劫不復。

不過此說法似不可考，因為在一次聚會上，香香的前任曾經不小心說漏嘴，現實是笨手笨腳的香香不小心把一杯酒灑到了男生的身上，而男生連理都沒理她就徑直地走了過去。

所以香香的說法，只是她對於當初相遇的不完美所產生的臆想而已，更可怕的是，香香想著想著，自己竟然信以為真了！腦洞簡直突破天際！

我堅信香香當時一定是酒喝多了，一時腦熱，不然以她的性格，給她八個膽子，她也不敢主動跟陌生男人搭訕。

男生比香香大五歲，因工作原因到法國出差。都說三歲一代溝，香香和男生之間差不多橫跨了兩道鴻溝。

身為一個事業有成的精英，男生為人比較穩重刻板，並且到了而立之年，不再追求什麼愛情至上，對於一位小女生的追求頗感新鮮，覺得合適、好玩就在一起了。因此，香香幾乎不費吹灰之力就把男神拿下了。

追起來容易，相處起來更容易，為什麼？因為人家壓根沒有來真的，根本沒把你放在心裡，只是娛樂般地嘗試而已，自然做什麼都好，說什麼都行。

廢話！人家根本沒有想要了解你，吃什麼、做什麼當然你說了算。

當局者迷，旁觀者清。

我們一直勸香香趁早死心，但是她就是不聽。用「不到黃河心不死」、「不撞南牆不回頭」都不足以形容她，因為人家是明知山有虎，偏向虎山行，而她自認為對方愛她愛得要死，完全沉浸在自己美好的幻想中，不可自拔。

男生雖說沒有投入太多的真感情，但也沒有腳踏兩條船一類的渣男行徑。本來他們一個真心投入、一個打發時間，配合有度，在別人看來也是令人豔羨的一對。

奈何香香作死，本來男生對她就沒有多少感情，抱著閒著也是閒著的態度交往，她竟還趕著讓人家給她扣分。似乎性格內向的人都生性敏感多疑，尤其在對待感情時。香香對男友嚴防死守，絕不放過一絲風吹草動。

前面說過男生事業有成，每天有好多會要開。她倒好，每天都是連環奪命ＣＡＬＬ。男生不接電話還好，如果是讓秘書幫忙接了，那就會是一場世紀災難。男生甚至因為她丟了不少面子。

香香在分手後的這些天，就一直抱著回憶過日子，沉浸在自己編織的虛幻回憶裡。比如，有一次香香出差回來，在機場遇到了男生，她就認為男生是專門去接她的，其實人家只是去送客戶而已；還有一次，香香和男生吃飯時遇到了男生的朋友，香香本想過去打個招呼，但恰巧她當時生病而沒有化妝，男生說怕影響香香的形象，改天等她精心打扮後再介紹給大家認識，當時她還為此高興了很長一段時間，認為男生能顧及自己的面子，特別紳士、特別重視自己，殊不知，這只是男生推脫的藉口罷了，壓根就沒想讓妳融入他的生活圈。

分手後，香香常說導致他們倆分手的是公司櫃檯的「狐狸精」。原因是每次男生來公司來接她，都會在櫃臺等，而每次櫃臺小姐都格外熱情、搔首弄姿。

有一次，因為她加班，男生在櫃臺多等了一會。她一出來，就看見男生跟狐狸精在聊天，還笑得非常開心，兩個人的手都快碰在一起了！

她一口咬定是狐狸精勾引了男生，越想越覺得是這麼回事——不僅自己信了，還得要求聽她胡扯的人信。香香的想像力之豐富，不去FBI工作真是太可惜了。

真是的，你自己當男朋友是塊寶，別人也真會當他是塊寶啊？也就你眼睛看上一位大叔，人家恪守崗位、工作認真也錯了嗎？

我也曾去香香公司找過她，人家櫃臺小姐可是一視同仁，對誰都一樣的熱情。我敢打賭，櫃臺小姐連男生叫什麼名字都不記得的。

我們所謂過去的美好時光，更有可能是我們內心假想的美好、是被扭曲的事實。我們接受不了現實生活的打擊，就會假想過去時代的美好——然而，過去並沒有你想像的那麼好。

越回憶，其實越虛幻。

人生若只如初「賤」

回首以往，我對他的好簡直可用「犯賤」來形容！只是，不能賤到底的感情，也真的不必埋怨。

我的高中同學叫做A。天知道，這個在我的朋友圈裡被稱為「A」的人，曾在十幾年前是我很喜歡、很崇拜的一位男同學。一想起這事，我就想抽打自己。

為什麼這樣一個威武又很有魅力的人，如今只是隨意地躺在我看不見的朋友名單裡？

原因其實很簡單——其人太「賤」。

一個人一旦「賤」起來，就像吃飽了的耗子不肯鑽出油瓶，就像終於盼得恩寵的華妃，傲慢跋扈，真拿自己當皇后；一個人一旦做作起來，就會忘了自己的初心，「驕傲與自滿齊飛，任性與氣人一色」。這時，對方是不會考慮別人的感受的，因為他只顧著炫耀、只顧著張揚！

事情是這樣的：在那個情竇初開的時期，我與A曾因互相欣賞而產生過一段懵懂的情愫。只是進入高中後，兩個人便分道揚鑣，漸漸沒有了來往。

高三那一年，因為兩所學校的整建，當屆的學生全被安排到了郊外一間破敗的紙箱廠上課。我們學校在東邊，他們學校在西邊，吃飯的餐廳在北邊，時間久了難免會碰面。

那時候，A同學不知從哪裡打聽到我有一位私交甚篤的「男閨密」，不知他是因為「吃醋」還是出於其他因素，那時起，他有意跟我保持距離，並且還私下跟我們共同朋友惡意地中傷我、毀壞我的名聲。

一些難聽的詞彙就不在這裡寫了，要知道生活遠比文學創作精彩得多！想想日常生活中那些雜七雜八的小事，比如公車上兩個人因為其中一人不小心踩了另一人的腳而導致雙方破口大罵！可以說，十八歲的我，因為A同學的緣故，遭受了很多髒話的洗禮！

這還不算什麼，更要命的是A同學的文筆很好，常常在他的「一畝三分地」創作，時不時就造謠，散播我如何不要臉、如何不念故人，以及我如何狠心地拋棄他的謠言。

經過半年的努力，凡是在他空間留下足跡的同學，都認為我是個「賤人」，而他是受了傷的可憐蟲！

一年後，我終於考到遠離這座城市的一所大學，終於徹底擺脫A同學的魔咒！

可沒想到，十幾年後的今天，網路上衍生出一個奇怪的詞彙——「初老」。不知道是懷舊，還是每個人都真的感受到兒時學伴的美好，很快就有初中同學成立了班級群組，並且拉我歸隊。

一開始我是拒絕的，因為我猜測A同學一定也會在。但我想，事情已經過去了這麼多年，他早已結婚生子應該不會再提當年事。況且除了他，我還有那麼多要好的初中同學，許久不聯繫甚是想念，相信這是一次很好的交流情感之機會。

然而，我萬萬沒想到的一件事發生了，就在我加入微信群組的第二天！

似乎因為看到我進了群組，A同學再次發揚他「大喇叭」、「大嗓門」的功力，開始在群組裡公開上傳他老婆和兒子的照片，並且每次都要強調一句：「謝當年初戀不嫁之恩，才讓我今天能擁有這麼漂亮懂事的老婆和這麼乖巧可愛的兒子。」

一開始，我只是默默地看著，拒絕表態。心想，既然你猶記當年，我就姑且讓你發發牢騷吧！

殊料，接下來的幾天，A同學的炫耀功力越來越強大，甚至開始指名道姓地要我出醜。

因為我從大學畢業就到了一線城市打拼，至今沒有結婚，A同學抓住這個所謂的把柄，大肆抨擊：「還是在家好啊！看那些當年自恃有才華的女生，別人都老婆孩子成群了，她還是孤家寡人，日子過得到底有什麼意思呢？」

憤然之下，我果斷地退了群組！

這些年雖然跟那批同學沒有多少聯繫，可是我知道，他們大部分都選擇留在小鎮，工作兩年便結婚生子，跟家裡要點錢再加上自己的積蓄，買了房和車，生活可算富足——在小鎮中生活基本上沒什麼壓力，一份上萬元的工作就可以自給自足。

雖然他們這樣的狀態，我不需要也沒想要抨擊，不過什麼時候這種生活成了一種值得炫耀的資本？

我承認，一個人沒親沒故在大城市裡孤軍奮戰很難獲得成功，大部分人就算拼上性命也未必能夠掙回百萬家產，可是這就應該由「剩女」買單嗎？

我想不到，如今這麼決絕抨擊我的，正是十幾年前特別喜歡我的A同學。

記得我們分開以後，他最喜歡朗誦的兩句詞就是納蘭性德的：「人生若只如初見，何事秋風悲畫扇？」

人心是易變的，所以當初卿卿我我、你儂我儂，非你不娶、非我不嫁的戀人會分手；所以當初兩肋插刀、肝膽相照，一生挺你、一生伴你的朋友會背叛。

我可以接受這種改變，經過時間的推移，你我都不再對對方有那樣的執著與熱愛——可是就算沒了熱愛，能不能別故意去中傷？難道你中傷別人一次，心裡就會痛快幾分嗎？

我也想到了那份我曾付出一切去執著的愛情。

幾年前，我曾瘋狂地迷戀上了一位男生。

他和我一樣熱愛文學、心思細膩，最難得的是，他愛看書卻沒近視。外表風流倜儻、內心狂野不羈，這麼巧妙的組合，他能同時擁有、完美融合。

他不捨得花錢和朋友聚會，於是我賺了稿費便匯入他的卡裡；每個月固定買電話卡並幫他儲值；週末拉著他逛商場，為了他穿哪種款式、顏色的衣服可以更帥氣而奔忙了一整個下午；在心裡默默記住他的生日，然後提前一天訂購了包裝精美的巧克力，請快遞送過去。

我曾愛得這麼卑微，而我的熱情最終被對方兩年來「不拒絕、不負責、不主動」的三不原則徹底打碎！

刪掉了所有的聯繫方式，我們從此謝別江湖。

幾年後，我在街頭很偶然地再次碰到了他，他笑著打聽我的近況。事隔多年，我對他早已不恨，於是他約我晚上一起吃飯，我想也沒想就很痛快地答應了！

在一家裝飾得很文藝的小店裡，他的表情忽然變得很嚴肅，聊起曾經，然後希望我能接受他的道歉。

在最後分別的時候，他主動提出送我到地鐵入口，對我說了一句：「其實，如果當初你再堅持對我好一天，我就會要求自己好好照顧你這輩子。」

我勉強笑了一下，忍住眼淚沒有追問原因。事已至此，當初的我變了！所以，現在的我們只能形同陌路。

是啊！回首以往，我對他的好簡直可以用「犯賤」來形容！因為一直以來是獨自面對一個冷冰冰毫無任何回應的人，就像面對一堵黑色的牆。

可是當這面牆終於也肯向我點頭時，我卻早已放下了這種「賤」，驕傲地做回了自己。

沒有做過系統調查，不清楚男女之間有多少人是因為一方沒有堅持付出到令對方足夠回頭的地步而分開的，但至少，A和我的感情，不如各自以為的那樣堅定。

我知道，也有不少情侶會在彼此相處久了互相產生怨言，女孩子通常會抱怨：「你對我沒有一開始那麼好了！」男生也會辯解：「誰叫你一直那麼『賤』？」

呵呵！人生若只如初「賤」，也許這個世界能多成全幾對戀人吧！只是不能賤到底的感情，也真的不必埋怨。

驚鴻一瞥終將化做瞎了狗眼

一見鍾情只是給你們最初的浪漫和一個美好的開端，
卻往往不是愛情的終章。

我再見到她時，她揹著背包、留起了長髮，險些讓我認不出來！

她眼睛紅紅地看著我什麼也沒說，我也識趣地什麼也沒問，默默地幫她拿著背包，挽著她一起走——時光倒回高中時代，我們只是手挽著手，準備去小吃攤掃蕩。

我們去了高中學校旁邊的小吃攤，點了當年最愛吃的米線。店裡的老闆和老闆娘還是一樣的熱情，卻認不出我們了——記得以前來的時候，什麼都不必說，老闆娘就知道我們要點什麼。

我們選了以前常坐的靠牆角位置。以前總是躲在角落，吃著辣辣的米線，說一些周圍的小八卦；如今兩人竟無言，周圍顯得那麼安靜，感覺氣氛有些低迷。

路過以前經常去的奶茶店，如今換成了理髮店。仔細看看周圍，才發現已經不是記憶中的樣子，好像這個時候才有點物是人非的感慨！

「嘆什麼氣？」觸景生情之下，我情不自禁地嘆了口氣！怕勾起她的傷心事，我才想解釋，她就說：「我大老遠地跑來可不是要聽你嘆氣的，這麼久沒見了，為了慶祝，今天一定要好好地血拼一次，走！」

我看她心情似乎好了一點，趕緊趁熱打鐵，熱情地拉著她，生怕她反悔似的。

吃吃逛逛了一天，腿都要走斷了，跌跌撞撞地開門，手裡雜七雜八的袋子一扔，立刻癱倒在沙發上！互相看了一眼對方毫無形象的樣子，兩人默契地哈哈大笑起來！我聽著她的笑聲，感覺記憶中那個神采飛揚的她終於回來了！

「我想來點啤酒。」突然聽到這句話，我正是笑得上氣不接下氣，一時還有點兒反應不過來。

「家裡沒有啤酒，我下去買，很快回來！」

我回來的時候，她正盤坐在沙發上看電視。我瞄了一眼，正在放《梔子花開》，影片正播到男主角坐在公車上，看到女主角追著公車跑的場景。

「我們第一次見面的時候，他穿著白襯衫、撐著傘，還很搞笑地說同學，你的傘掉了！」

聽到她的話，我能想到那種場景——一個高高瘦瘦、穿著白襯衫的男生，站在雨中，嘴角帶笑地說：「同學，你的傘掉了！」

你根本沒有帶傘，但是那又怎麼樣？你覺得當時的氛圍是那麼浪漫，站在雨中的男生簡直是自帶光環！他那麼溫柔而又深情地看著你，你的小心臟瞬間就被擊中，方圓百里你都看不到其他人的存在了！

你甚至看到愛情的根芽在雨水中蹭蹭地生長著，那一刻你終於開始相信，現實中真的有一見鍾情的美好。

她繼續說：「從那以後，好像經常能碰到他，然後我們就自然而然地在一起了！剛開始的時候真的很幸福，他很有趣，常常變著花樣讓我感到驚喜；他長得很帥，喜歡他的女生很多，但他只對我好。我當時甚至懷疑上輩子是不是救過他，所以他來報恩了。」

「在一起久了之後，我才發現原來他根本不像我想像中的那麼好——成績不好就算了，還蹺課、學科被當！每次勸他不要這麼墮落，他總是反駁，表示大學的課程學了也沒用。我知道他家是有點錢，但是他這樣不思進取的態度真的讓我受不了。」

「他經常跑去網咖打電玩遊戲，徹夜不歸。打電話常找不到人，好不容易接了電話，問他在哪，總是在宿舍補眠！那段時間我忙著寫畢業論文，簡直是身心俱疲。」

戀愛中的女人說起男朋友的好會讓人酸掉牙，但是發洩對男朋友的不滿時，更具有威力。

「畢業後我們住在一起的期間，他一次衣服都沒洗過，一次飯都沒做過，還特別喜歡穿白襯衫，我每次洗的時候都恨不得把它撕了！有時候加班累得要死，一回家，就看到他就坐在那打電玩遊戲，我還得給他做飯，實在是令人受不了。」

曾經第一次見面吸引她的白襯衫，如今成了他們感情破裂的催化劑，可見一見鍾情「鍾」的都是外表那些沒用的東西——第一次見面，連對方的性格、愛好以及人品都不曾瞭解，除了那一件白襯衫和一張看起來可能有點好看的臉會令你動心之外，還有什麼呢？

「如果只是這樣，我還能勸自己忍，可是，他竟然背著我和別的女人交往了好一段時間。我一直以為他只是有些缺點，但起碼對我很專一，上學時追他的女生那麼多，他還是只喜歡我一個人。」

「我從來沒有想過這種事情會發生在自己身上，我甚至不敢相信自己所看到的。他這個虛偽的小人，還騙我說什麼當年對我一見鍾情是前世的緣分。去他的一見鍾情！如果回到那天，我恨不得戳瞎自己的狗眼！」

若是以前，她一定不會跟我吐露這麼多的。她向來很好強，從來不輕易說自己受過的委屈，估計她是憋得太久了，加上酒精的作用，終於能痛快地發洩出來。

每個人都曾幻想過，和未來的另一半相遇之場景。

可能是在巷子的轉角，你不小心撲倒在對方的懷裡，一抬頭就撞進對方深邃的眼眸，他的眼睛裡有笑意，還有滿臉通紅的你。

也可能是在新學期同學做自我介紹的時候，他隨意地站在講臺上，明明他在看著大家，你卻覺得他的目光時不時地飄向你，因而一不小心就記住了他的名字。

甚至可能是在某次逛街時你不經意地掃過人群，一眼就望見他，那驚鴻一瞥就讓你以為是永恆。

一見鍾情只是給了你們最初的浪漫和一個美好的開端，卻往往不是愛情的終章。

你以為你們的相遇是上天注定，可是事實證明，你鍾情的只是他的外表。你以為心臟像被邱比特的箭給射中的那一瞬間，劇烈跳動的是愛情，可是你能保證自己就真的這麼幸運嗎？

人們在以為愛情來臨的時候，往往只看見美麗的外表，而忽視了表象之下的醜陋——你以為外面陽光正好、萬里無雲，你打開窗戶就將能看見你的蓋世英雄踏著七彩祥雲來迎接你。

卻沒想到，你窗戶上的欄杆正好掉下來，打到底下那人的頭巾上，他一抬頭，於是，

驚鴻一瞥終將化做瞎了狗眼！

越長大，越遲鈍；越多情，越該死

癡情總被多情苦，道是多情卻無情。
現實逼我們曖昧不清，但我們要學會愛恨分明。

情語云：「當為情死，不當為情怨。關乎情者，原可死而不可怨者也！」

記得小學時，學校號召「多讀書，讀好書」，把每週五的下午設為閱讀時間，規定學生買一本自己喜歡的或者有意義的書，到時帶來學校可以自己讀，也可以在同學間交換著讀。

那時也不知道該買什麼類型的書，只想著買個有名的，也不管自己看不看得懂。

我記得我買的是一本簡體版的《紅樓夢》，還被老師誇獎了一番！其實根本不懂其中精妙，只是用來應付每週五的「閱讀週」。讀不懂賈寶玉和林黛玉、薛寶釵之間的愛情悲劇，只對書中的人物畫情有獨鍾。

著名文學評論家何其芳曾指出，《紅樓夢》中賈寶玉這個典型形象最突出的特點就是「多情」。他對待林黛玉、薛寶釵、史湘雲這類大家閨秀溫柔體貼、輕聲細語，對待襲人、晴雯、紫鵑這類在當時封建社會地位卑賤的丫鬟同樣以禮相待、溫存和順。

在〈賈寶玉神遊太虛境　警幻仙曲演紅樓夢〉這一回中，警幻仙子稱賈寶玉是「吾所愛汝者，乃天下古今第一淫人也」，賈母也曾說：「必是人大心大，知道男女的事了，所以愛親近她們，既細細查試，究竟不是為此，豈不奇怪？」

可見，這個「淫」字和性無關，昵而敬之，他只是多情。

他愛林黛玉，可以為她生為她死，可是遇著溫柔風韻的薛寶釵和飄逸灑脫的史湘雲，卻又不能不炫目動情。他心中只愛慕林妹妹一個人，當林黛玉和史湘雲都對他不滿的時候，他又「尚未應酬妥協」；當晴雯和襲人吵架的時候，他就傷心地說：「叫我怎麼樣才好呢？」就連畫上的美人，他也怕她寂寞。

賈寶玉出生在大觀園這樣一個「女兒國」，他對當時社會環境中的女性體貼，尊重又同情她們，認為女子是水做的骨肉，男子是泥做的骨肉，見了女子便清爽，見了男子便覺濁臭逼人。

他對女子多情，對待北靜王、蔣玉菡、秦鐘這類身材俊俏、舉止風流的男子同樣惺惺相惜，他對這世間萬物皆有情。

魯迅先生曾說：「愛博而心勞。」賈寶玉與林黛玉「心有靈犀一點通」，至死不渝！可是他也會因為平兒「供應賈璉夫婦二人使喚」、「遭荼毒」而「不禁潸然淚下」。自己因一時無名之火怪罪晴雯，為了哄晴雯開心，又「撕扇子做千金一笑」；鴛鴦窩在襲人的床上看針線，寶玉「聞那香油氣」，涎皮笑道：「把你嘴上的胭脂賞我吃了吧！」

如果賈寶玉可以「無情」一點，他或許就不會因為眾多女子的不幸和痛苦而「勞心勞神」。他「多情」的性格使他不會因為鍾情林妹妹而對其他女子的遭遇視而不見，反倒因為他的「多情」，使他對女子無微不至、體貼入微。他因女子的喜而喜、因女子的苦而苦，天生就是個勞碌命！

剛上大一時，我家樓上搬來一家新住戶。大週末的，被吵醒是件很不愉快的事，所以，當我後來知道我們上的是同一所大學時，我也沒有什麼好臉色，大概半年的時間從沒說過話。

事情的轉機是在一個大雨滂沱的週末。因為我家離學校滿遠的，所以只在每個週末才回家。這天，爸媽因為工作原因沒法來接我，我只好叫車回家。可是等了好久都沒車，我心裡已經焦躁不已，這時正好一輛車停在我前面：「別等了，正好順路，一起走吧！。」

我連忙感恩戴德地鑽進車裡，一個勁地向他爸爸道謝。

就這樣，我們漸漸熟了。他知道我早上常常因為起床晚而來不及吃早餐，便經常去學校餐廳買好早餐再拿給我。

後來，我們在學校常常一起出去玩，也有室友跟我要他的聯繫方式，想要進一步發展「革命友情」。我逼不得已，加上自己也好奇，於是旁敲側擊地問了幾次，他終於耐不住我的軟硬兼施，跟我講了一個「三人行」的故事。

小時候，他鄰居家有兩個女兒，因為年紀相仿，所以從幼稚園到高中一直在同一所學校。放學了就在一起寫作業，就連週末出去玩也一起去。總之，無論做什麼總是在一起。

有一次因為妹妹生病了，他和姐姐一起去了書店，回來之後，妹妹發了好大的脾氣，好幾天沒有理他。從此以後，他再也不敢私自和其中一個人出去，怕她們兩個中有任何一個不開心。給她們買的禮物也要一模一樣，務必做到平等對待。

情竇初開的年紀，他發現自己好像喜歡上姐姐了，於是開始製造和姐姐獨處的機會，每次都要偷偷摸摸地避開妹妹。

可是沒想到，高中畢業的時候，姐妹倆同時向他表白，並逼他只能選擇一個。

他心裡其實比較喜歡姐姐，可是看著妹妹哀怨的眼神，又說不出拒絕的話，只能落荒而逃。

幸好高中畢業之後他搬了家。雖然沒有斷了和姐妹倆的聯繫，但以學業為藉口，姐妹倆也沒有再提這件事，並答應給他思考的時間。用他的話來說，他們三人從小青梅竹馬、感情深厚，傷害其中的任何一個他都不忍心。然而，他的多情曖昧卻在不知不覺間給三個人都帶來了痛苦。

兩個人的青梅竹馬，是兩小無猜；三個人的青梅竹馬，是自相殘殺。捨去了白玫瑰，卻擔心紅玫瑰變成牆上的蚊子血；放下了紅玫瑰，卻擔心白玫瑰成了衣服上的一粒飯黏子。

這道千古難題，佛祖早就告訴了我們答案：「放下屠刀，立地成佛！」

小時候只知道喜歡就在一起，討厭就拒絕，不是黑就是白，長大後才知道世界還有灰色地帶。

癡情總被多情苦，道是多情卻無情。

現實逼著我們曖昧不清，但是我們仍要在成長的道路上，學會分清是非黑白、學會愛恨分明。

永遠不和前任舊情復燃

沒有舊情復燃，只有重蹈覆轍。
就算再次和好，曾經的傷害也會不時提醒、警告你。

我們經常把自己喜歡吃的東西塞進冰箱裡、喜歡用的東西收藏起來，想著要慢慢享用。等到保存期限過了，還是捨不得扔掉，或是等到享用的時候，才發現已經變質了。

感情也一樣，即使兜兜轉轉，在時間這場洪流中，我們卻再也無法回到最初的起點，兩個人也不再是當時的模樣。

不要動不動就對對方傾盡所有，與其卑微到活埋於塵土裡，不如留一些驕傲與疼愛給自己。其實，有些相見，不如懷念；好久不見，不如不見。

別跟我說，你身邊的朋友誰誰跟某某就是復合的情侶，過得可說是蜜裡調油。呵呵，那叫舊情復燃嗎？復合？有分開過嗎？把吵架當日常的情侶，完全就是在赤裸裸地秀恩愛。

朋友小愛是個大剌剌的女孩子，平時傻里傻氣、嘻嘻哈哈的，玩起來像個瘋子，但是一到她老公面前，立刻變成一位溫柔賢慧的可人兒。

小愛和她老公是大學同學，兩人專業不同，軍訓課時兩個班被分在一起，兩人正好站在左右位置，就這麼一來一往的對上了眼。

愛情剛開始時，總是甜美得像熟透了的櫻桃。

即使兩人每天都在校園裡約會，一起上通識課、一起吃飯、一起逛街，但小愛每晚還是要跟男生通電話，一聊就是一、兩個鐘頭，兩人彷彿有說不完的話。

有時宿舍裡的人都睡著了，她怕打擾到室友，就出去坐在樓梯口吹著冷風聊，然後就愉快地感冒了。

兩人的感情一直很穩定，但似乎並沒有談婚論嫁的打算，直到一個意外發生——小愛懷孕了，兩家終於不得不面對結婚這件事。

奉子成婚似乎是最理所當然的事，但小愛卻不願意。

小愛的事業心很重，她是學音樂的，一直希望能在音樂上有所成就。而且她還那麼年輕，不想這麼早就把自己困在婚姻的墳墓裡，每天被孩子和柴米油鹽這些生活瑣事綁住。

男生向小愛保證，就算結了婚，她也可以做自己想做的事，家庭和孩子絕不會成為她的負擔。

小愛思慮良久，最終還是不忍心傷害無辜的小生命，在大學畢業後兩人步入了婚姻的殿堂。

婚後一開始，男生確實像保證的那樣，小愛的學業沒有受到一點影響，她依舊每天為了自己的音樂夢努力著，除了不能再沒有顧忌地大蹦大跳，練聲樂的時間倒是一點兒也沒有縮短。

但是漸漸地，男生開始限制她這個、限制她那個，這不許去、那不許吃，他們開始了一次又一次的爭吵。

當時，小愛已經懷孕六個月了，班上同學都在老師的推薦下找到了很好的工作。以前小愛是班裡成績最好的一個，老師在替同學介紹工作時，曾對著小愛說：「可惜了，手裡有個特別好的工作。」

小愛為此哭了一整天。

直到孩子滿一百天後，小愛和男生的衝突終於爆發。

大學時的導師透過一些管道，爭取到了一個出國深造的名額，人選由他推薦。小愛為了孩子已經放棄了好幾次機會，她決心抓住這個機會。

為此，小愛和男生徹底鬧得不可開交。最終，夢想戰勝了現實，小愛毅然決然地離了婚，遠赴國外。

僅憑著一腔夢想的小愛在國外過得並不如意，不是有夢想就能成功，她的目標仍舊遙不可及。從她寫給我的信中便可窺見一二，她為了夢想拋下現實，可是夢想終究也變成了現實。

在小愛逐夢期間，男生也逐漸成長為一個男人，變得成熟穩重，身邊出現了另一位溫柔乖巧的女生。他們日漸熟稔，即使男人心中仍然割捨不下小愛，也被女生的堅持漸漸打動了！

一年後，小愛回國，見到曾經的愛人，發現自己的熱情並沒有熄滅，男人一直住在她內心最深處。經歷了四處碰壁的求夢之旅，小愛現在萬分渴望能過著安定的生活，而她覺得只有這個男人才能帶給她這一切。

愛情，似乎就是這樣，你擁有時不懂得珍惜，失去之後才會開始後悔。

小愛開始以孩子為藉口，頻繁地出現在男人的生活裡。

這無疑是一個最好的橋樑，當父親的總會為孩子考慮，不管他人怎樣表現對孩子的愛，誰都不能代替生母。兩人都刻意地忘記那曾經不快的一年時光，彼此小心翼翼地避免碰到那道傷疤，假裝一切都回到了正軌。

小愛好像又回到了大學時代，每天神采奕奕、容光煥發，渾身散發著小女人的甜蜜。她跟我說，她早已贏在起跑線上，他們之間有孩子這個橋樑，彼此就不可能做真正的陌生人。

小愛為了向男人表達自己甘於平淡的決心，做了一名音樂教師，平時透過人脈接一些工作，唱唱廣告曲、給別人寫詞填曲。然而，她寫的一首歌被一間音樂公司看中，想要簽下她，這時，她那顆不安的心又開始蠢蠢欲動。

最終的結果我想大家都已經猜到，絲毫不意外地，小愛再次選擇了夢想。

在機場為小愛送行時，她哭得像個淚兒人，因為她的男人沒有來。小愛不停地打電話給男人，希望他能夠原諒她並且等她回來。

我從未見過她如此的低聲下氣。誰不想一輩子只和一個人相戀、相愛甚至相守到老，可是古往今來又有幾個人能夠做到？你又憑什麼認為你就是那個幸運兒？

直到小愛上了飛機，男人才牽著孩子的手出現，其實他早就來了。男人說，這個結果他早就做好了心理準備，只不過還是給了自己再一次受傷的機會。

破鏡難以重圓，就算是被修補好了，也無法彌補那條裂痕。就像是破裂的感情，就算再次和好，曾經的傷害就像是癒合後的傷疤，會時不時地提醒你、警告你。

沒有舊情復燃，只有重蹈覆轍。若你已有重蹈覆轍的心理準備，那請你更要做好飛蛾撲火的覺悟。

第二章

我們變成了世上
最熟悉的陌生人

接受一個你不愛的人，痛苦的是兩個人

愛情是瞬間點燃的燭火，死纏爛打像反覆摩擦的火花。
前者溫暖美麗，後者卻慘澹喧囂。

在我睡得昏天黑地的時候，刺耳的電話鈴聲把我吵醒，迷迷糊糊地掛斷，繼續埋頭苦睡。

然而，電話鈴聲就像是打了雞血一樣瘋狂地響個不停，我再怎麼好脾氣的人，也實在忍不住了！怒氣衝衝地掀開被子，打算好好教訓一下這個凌晨兩點不讓人睡覺的人。

我看著手機螢幕上不斷閃動的名字Q，拿起手機正要發作，但還沒等我開口，他先說話了：「我失戀了！」

失戀？沒錯，失戀的人最大，不應該對他發火，但是，你算哪門子的失戀啊？你一直都是單戀好嗎？

我真是無語問蒼天了！正要破口大　時，他又說：「這次是真的，我真的失戀了！」

呵呵，你想聽我說一句單身快樂嗎？

Q大一時就苦追C，他沒有什麼追人的方法，就這個四字訣——死纏爛打，對於他們倆，我只有一句話形容：「C虐Q千百遍，Q始終待C如初戀。」

C是典型的乖乖女型，不論周圍的男生如何明示、暗示，她都是「兩耳不聞窗外事，一心唯讀聖賢書」。所以，別人也都知趣，見沒有機會就放棄了！

只有Q，不論C用什麼辦法拒絕，他就是癡心不改，一有機會就在C身邊打轉，自以為很偉大很無私的奉獻，反而讓C沒有了清靜的校園生活，害得她走到哪都有一堆議論她的人。

晚上，C面對著一堆學術參考資料時，或是背英語背得頭昏腦漲時，Q總是一通又一通的電話騷擾。

Q又常在C忙了一天準備要睡覺時，打電話半玩笑半威脅她，說如果不出來就要在宿舍樓下大喊她的名字，直到她出來見面為止。

C不得已，更衣下樓，以為Q有什麼要緊事，卻換來一句Q自以為深情的「我想你」——哎喲喂！你是不是把「巴拉松」當可樂，把腦袋給喝秀逗了！

甚至，C想要買女性用品，三番兩次地強調要他先回去，想自己一個人逛街時，Q一點兒眼色都沒有，竟大義凜然地在大白天對C說著「不放心她」。唉！天下之大，都堵不住你那缺的心眼啊！

還有，在C三番五次說自己現在還小、不考慮找對象時，Q則高調地向眾人傳達自己不追到C決不甘休的決心……

呵呵，朋友，腦子是個好東西，希望你有。人家早就說得那麼清楚、那麼明白，你怎麼都聽不懂呀？腦袋裡裝的都是水泥嗎？

哥們，要是這樣能追到女孩子，你家祖墳可能都會冒青煙！

然後還好意思每天痛哭流涕、要死要活地跟身邊的人們說著自己虐心的愛情史——毛線個愛情呀！愛情是兩個人的事，你一個人那叫自虐！

你痛苦，關人家屁事！你說你愛人家，可是人家不愛你啊！人家不愛你，又有什麼罪？可是你為什麼非要鑽進以愛為名的牛角尖？你自己痛苦不說，還把別人也拉進死胡同，憑什麼呀？

我的一個同事W也深陷在此漩渦中。

W是個善良而懦弱的人，對於別人的要求很少說不，她就是這樣的一個人。

我曾聽見她歇斯底里地對著電話那頭喊道：「我對你說過，我不愛你，還要叫我怎麼說？對，我就是眼裡沒有你，我不能騙你，更不能欺騙自己，可是你為什麼總是不放棄？你真的想要在一棵樹上吊死嗎？還是不見黃河心不死？」

可見，該女生已是被逼到了極點！

不得不說，追求她的H先生是個比較內斂和感性的人。他不會在明面上瘋狂展開攻勢，給女生拒絕的機會，總是恰到好處地展現他的體貼，不會讓女生下不了台。

但是，每當W想拒絕他時，三秒之內他好像能立刻哭出來，脆弱得不得了，好像別人多對不起他似的。

而且H先生有著近乎變態的佔有慾，一天能打無數次電話。如果W不接，他就把她身邊好友的電話都打一遍，不得知W的下落絕不甘休。

因為不善溝通，H先生所有的心意都用文字來表達，每次W的手機響起，她都是一臉的「生無可戀」，短信內容看都不看就刪掉。我曾有幸看過一次內容，雞皮疙瘩頓時掉了一地，能掃成一籮筐——「不求妳回應，只求能默默呵護妳，為妳遮風擋雨」。

我呸！你怎麼不上天呢？不求回應的話，你發什麼訊息？要默默守護，那你就閉嘴啊！把自己搞得跟情聖一樣，還讓別人都以為W是多麼狠心絕情。

我呵呵你一臉，你又不是美瞳，憑什麼把你放在眼裡！

與其說是追求，不如說是威脅——H先生曾揚言，W不接受他，他就去跳海。這種站在道德高地，強加給人的感情，著實壓得W喘不過氣來！

死都敢，放手怎麼就那麼難？

W跟我說：「就因為我知道他是真心喜歡我，所以，我才不能勉強自己答應他，我才要這麼冷淡地對他，不能給他錯誤的訊息。明知道以後不會在一起，給他錯誤的訊息才是對他不好，才是在浪費他的青春，還不如從一開始就擺正態度。」

愛上一個不愛自己的人，付出得不到回報，自己很痛苦；而你付出得越多，別人越覺得虧欠，另一個人也痛苦。

與其兩個人都痛苦，不如成全一個人的快樂。

愛情是瞬間點燃的燭火，而死纏爛打像反覆摩擦的火花。前者溫暖美麗，後者卻慘澹喧囂。但是，這道理並不是所有人都懂。

尤其是文章開頭提到的失戀者，總認為死纏爛打才是最瘋狂真摯的愛，而所謂的愛就要瘋狂，不瘋魔不成活！他們一邊糾纏，一邊把自己感動得痛哭流涕，同時再抱怨對方冷酷無情，再繼續死纏爛打，最後只不過是將對方心中對自己僅有的一丁點好感全數敗光而已。

我們總是站在自己的角度為別人思考，卻忘了別人到底想要什麼。子非魚，安知魚之樂也？我們一廂情願地認為是對別人好，竟會讓人如此不舒服。

握過沙子的人都知道，你手握得越緊，沙子流失得越快，只有學會放手，才能真正地得到。

也許在我們遇到生命中的真命天子、真命天女前，上天會刻意安排幾個有緣無分的人，讓我們學會珍惜這份遲來的禮物。

難以自持的人往往容易假戲真做

雖然知道是假的，但已在不知不覺中把假的當成真的。分不清真情假意而入戲太深，會沉醉在戲裡難以自持。

今年中秋回老家時，才發現朋友海棠離婚了，問其原因，竟然是為了一間房子。

海棠兩年前結婚，老公是個啃老族，婆媳關係並不好，老公耳根子軟，又是牆頭草兩邊倒，沒什麼主見。

她老公沒什麼正經職業，還有個陋習——賭博，所以工資基本上都賠在裡面。家裡本來就經濟拮据，他總有一次性翻本的想法，於是便越玩越大、越賭越大，兩人為此兩天一小吵、三天一大吵。

前段時間，海棠的婆家趕上了都市開發。為了能多分到一間安置房，婆婆跟兒子商量後，要他和海棠假離婚，只因為多一個戶口就能多分到一間房子，等分到房子之後再重新恢復戶口。

那時候他們已經有了一個孩子，海棠心想就只是跑跑流程，沒有所謂，於是小倆口便去申辦了離婚手續。不得不感嘆，一孕傻三年，古人誠不欺我也！

離婚後，海棠搬出來自己住。幾個月後，果然分到了兩間房子，都被登記在海棠老公的名下。

以前住在同一個屋簷下，海棠總是管住老公，不讓他去豪賭。離婚後，男人因為沒人管，一夜回到了解放前。

重回自由之身後，海棠老公似乎嚐到了恢復單身的甜頭，無人束縛的自由感使得他跟海棠的關係降至冰點，兩人的情感越來越冷淡也越來越緊張。

加上婆婆不停地嚼舌根，煽風點火，她老公對海棠提出搬回去住的要求一拖再拖，盡其所能地冷落她、不和她說話。而她老公也賭得越來越厲害，為此兩人大吵時，男人竟脫口而出：「不用妳管，反正我們已經離婚了！」

這句話讓兩人都傻住了，男人也覺得有些不可置信。沒錯，雖然兩人都知道這是假的，但已在不知不覺中把假的當成真的了。

前幾年，租女朋友回家過年的熱潮風靡一時，同事王超也搞時髦來了一齣。

王超個性比較懦弱，是個心志不堅、搖擺不定的人，只是工作非常努力，一個人在外地打拼了近十年，全心投入在打拼事業，感情方面的事則一拖再拖。

王超的父母為兒子的婚事操碎了心，急得心急如焚。

每次王超好不容易回趟老家，父母、親戚總會挨個盤問他，眾人你一句我一句地催促他趕緊找條件相當的姑娘完成終身大事，要是沒有合適的，他們也準備了一群姑娘等著他去相親。

今年過年，碰巧遇上王超奶奶八十歲的大壽。

王超自小是由奶奶一手帶大的，為了給奶奶慶祝生日，他買了一堆禮物，揣著存下的積蓄準備回老家過年。

回家的前幾天，王超父親打電話來問他什麼時候能到家，甚至告訴他：「你什麼都不用帶，只要帶一個兒媳婦回來就好。」

王超母親最近身體也不大好，看兒子的終身大事沒有著落，怕會影響到其病情。王超當時心急竟謊稱自己已有了女友。

父母一聽，大喜過望，要兒子無論如何都要把姑娘帶回家，給大夥兒看一看。

沒辦法，一言既出，駟馬難追，現在全家人就在等自己把女朋友帶回家去，但是要上哪兒找女朋友啊？難不成天上會掉下來？

無奈之餘，王超只能找個假女友。他想到可以在網路上租女朋友，便透過相關網站申請了租女朋友的事項，還在朋友圈裡公告，希望朋友們能幫他介紹可靠的姑娘。

很快地，相關網站做出了回應，給他匹配了一位姑娘。

兩人很快地相約見面，女孩化名為羅娜，今年大學剛畢業，還沒找到合適、穩定的工作，怕過年在家會被父母叨念得耳朵痛，便想出來圖個清靜，剛好還能賺點外快。

女孩子長得很清秀，看上去就讓人覺得舒服，為人爽朗、不做作扭捏。王超覺得她的性格很合適，便跟她簽訂了合約。

王超本來的如意算盤是帶著假女友在家待個兩、三天，再以工作為由和假女友回來便可以跟假女友說再見，然後就再也不見。以後父母問起，則以性格不合為由，表示兩人早已分手。

在回老家的路上，王超和羅娜串起供來，生怕到時會說漏嘴。在問到羅娜的平時愛好時，女孩說自己喜歡看書，不論是圖書館還是書店，一待就是兩、三個小時。王超有點欣喜，因為他也喜歡去書店看書。

除了看書，羅娜說她還特別喜歡小動物，領養了好幾隻流浪狗，還因為這件事，被媽媽責備了她一頓。

王超覺得羅娜很善良，對她漸生好感。

羅娜剛進王超家門，就甜甜地叫著「叔叔好」、「阿姨好」，表現得非常專業，喊得王超父母心裡甜滋滋、暖烘烘的。而羅娜也很勤快，除夕當天，主動到廚房幫王超母親洗菜做飯、陪她聊天。

王超對羅娜感到非常滿意。

人算不如天算。假女友心靈手巧，討得全家人歡喜，本來只打算待個兩、三天的，結果父母硬是不讓她走。

大年初二，一家人到王超舅舅家吃團圓飯。

舅舅要羅娜喝點酒，王超想到之前羅娜曾說過自己不能喝酒，便全力阻止，把氣氛弄得很尷尬。這時羅娜站起來，端起酒杯祝賀舅舅新年快樂，然後便一口把酒乾了，豪爽的性情惹得大家拍手稱讚。

果然，羅娜不勝酒力，一杯就倒了。

羅娜喝醉後，王超細心地給她的額頭擦汗，照顧她，看著她通紅的臉龐，他覺得自己好像心動了。

春節過後，王超帶著羅娜回到了工作地。結算完帳目後，羅娜大方地跟他說再見。

但王超好像還沒從戲裡走出來，當初說好的再也不見變成了他的不斷「遇見」。甚至每天照三餐發訊息問候羅娜，時常約她出來吃晚飯、看電影，儼然把自己當成了正牌男友。

王超想假戲真做，可惜配合他演出的羅娜對此視而不見，至今他還一個人演著獨角戲。容易假戲真做的人，往往分不清真情與假意，入戲太深時還會被一丁點兒的情緒所牽引，就會沉醉在戲裡難以自持。

長得醜還沒錢的男人，可能更花心

既然長得帥的花心，長得醜的也花心，
倒不如選擇長得帥又有錢的，起碼看著舒服！

前幾天同學跟我講了個八卦，我們大學同學中的一對情侶分手了，他們是我們班同學當時都很看好的一對。

大學裡的戀愛很常見，也很美好，但是真正能走到最後的還是寥寥無幾！

算起來他們在一起已經很多年了，一直以為他們畢業後就會結婚，但是畢業後大家各奔東西就沒有關注過他們的動態，忽然聽到他們分手的消息，還是有點難以置信。

我按捺不住好奇心，追問了他們分手的原因。

「聽說是男生太花心，和好幾個女生曖昧，微信紀錄不小心被女生看到了！」

「怎麼會，他看起來不像是這種人啊？」

說實話，男生長得很普通，眼睛小小的，還有點微胖。女生則長得很漂亮，白白淨淨的，笑起來還有酒窩。

「看起來是不像，誰會知道長得醜還這麼花心啊？當時看著還覺得滿老實的。」

是啊！在感情中劈腿出軌的現象不計其數，但往往讓我們想不到的是，那些長得醜的人竟然還會出軌！一旦遇到這種情況，我們就好像看見太陽打西邊出來一樣，覺得不可思議。

只是，長得醜還沒錢的人，難道就真的不會花心嗎？

最近熱播的電視劇《微微一笑很傾城》，無數的迷妹成為男主角的粉絲，劇中楊洋飾演的男主角肖奈，不僅是電腦天才，更是電玩遊戲中的大神，剛一出場就擄獲千萬少女的心，就連劇中的美女學霸都未能倖免。

可是肖奈大神的魅力僅僅是因為成績好、長得帥以及家裡有錢嗎？不僅如此，最重要的是，他對女主角的深情、專一和信任。無論第二女主角長得多麼好看又有多麼喜歡他，我們的肖奈大神始終不為所動，只為女主角一人傾心，深情不悔。

仔細想想，從小到大所看的故事，不論是電視劇、電影或小說，對感情從一而終的反而是那些有錢又帥氣的男主角；女主角在經歷了前任的各種花樣劈腿之後，遇到了有錢又帥氣的男主角，從此幸福地生活在一起，過著王子和公主般的快樂生活。

反觀那些劈腿的前任，長得有男主角帥嗎？有比男主角有錢嗎？並沒有！但是他們花心的藉口卻花樣百出，白玫瑰想擁有，紅玫瑰也不想錯過。

身邊的同學、朋友陸陸續續地邁進婚姻的殿堂，我媽替我收請帖都收到手軟，甚至不止一次地問我打算什麼時候結婚。

我每次都含糊其辭，支支吾吾地搪塞過去。後來實在逃不過去，我決定跟媽媽進行一次成年人與成年人之間的對話。

「我不要求你找個多有錢的人家，只要普普通通的、能對你好就好了！」我媽一直覺得「門當戶對」很重要，出身於平凡家庭的我，若找個太優秀的男友，怕是以後會受委屈，所以我媽從來沒想過讓我找個有錢人家嫁過去，過著不愁吃穿的生活。她一直希望我能有份輕鬆安穩的工作，找個平凡的家庭，過好簡單平實的一生。

「什麼才叫對我好？總得有個標準吧！」

「不要找太帥的，太帥的不可靠，也不懂得體貼人。長相什麼的其實不重要，重要的是人品，要老實、上進。」

你看，我媽或許在其他方面很開明，但她很堅信「帥等於不靠譜」這件事。

「長得醜的就一定可靠嗎？」

我想起之前網路上有則很熱門的文章，標題叫〈八一八，那些年長得醜還出軌的男明星〉，那為什麼不叫〈那些年出軌的男明星〉，而要強調「長得醜」呢？

這說明了很多人在心裡已經認定——一個人如果長得醜，那他通常不會出軌，因為「長得醜等於好男人」！

甚至也可能是因為他們不能相信一個長得醜的人竟然還會出軌，出軌這種事應該是長得好看的人才會犯的錯誤啊！他長得這麼醜，到底還能跟誰出軌？是啊！他會去跟那些認為「長得醜等於老實」的人出軌。

後來，我和我媽的討論點，已經完全從我什麼時候結婚跨越到為什麼長得醜又沒錢的人也可能會出軌之上了。

為了論證我的觀點，我絞盡腦汁地把那篇文章中所列舉的出軌男明星統計了一遍，又把我知道的長得帥又顧家的男明星再統計了一遍，甚至用《西遊記》裡長得帥的唐僧和長得醜的豬八戒進行了一次徹底對比，並在最後振振有詞地說：「老媽你看，長得帥的比長得醜的可靠多了！長得醜的不僅醜，還花心。」

人們常常愛說，上帝在關掉一扇門的時候，往往為你打開了另一扇窗。所以，當一個人既有錢又長得帥的時候，人們往往會下意識地用最大的惡意揣度他，認為他一定很花心，若是不花心，可能就是有暴力傾向。

總之，他帥又有錢，一定是有別的毛病或問題。

相反地，一個人如果長得醜，人們就會用最大的善意來安慰他，覺得他一定很有才華，就算最後知道他成績糟糕、學歷不佳，也會相信他一定是善良而溫柔的，這樣想來才覺得老天公平。

但事實常常是，大多數長得帥的人更看重對方的內在，也不太在乎自己的另一半是否漂亮、是否有錢。而長得醜的人，大部分會有自卑心理，常常會不自信，導致一些人只能在「花心」這層面上來證明自己，尋找存在感。

人們越是缺少什麼，越會去追求自己缺少的東西。事實上沒有任何一項研究能表明，長得帥又有錢的人比長得醜還沒錢的人更花心、更容易出軌，因此花心這種行徑和長相沒有任何關係。

至於那次討論的結果，不提也罷，我媽只用一句話就讓我啞口無言，甚至讓我好幾天都萎靡不振——長得帥又有錢的人為什麼會看上妳？

那既然長得帥的花心，長得醜的也花心，倒不如選擇長得帥又有錢的，起碼看著舒服！

誰的父母不想自己孩子能找個又帥又有錢的男朋友呢？

現在要做的是，更加努力地全方面提升自己，讓有錢又長得帥的人選擇你！

失戀時不做這三件事：吃東西、流淚、看電影

分手之後，一定要讓自己過得更好、活得更美，好到能讓渣男後悔，美到能讓更好的人來追。

普通人分手時會吃東西、流淚以及看電影。文藝青年分手時會安靜地吃東西、林黛玉式流淚以及憂鬱地看電影。單純的青年分手時會瘋子似的吃東西、放肆著流淚以及嘶吼著看電影。

停！就此打住，是電視劇看多了吧？這又是誰規定的？

失戀了，沒有暴飲暴食、沒有瘋狂流淚，也沒有看電影。

沒有！沒有！沒有！重要的話要說三遍。

我有一個女性朋友Y，她有個相戀約一年的前男友，不過，這一年的感情談得磕磕絆絆，兩人數度分合，原因無他，她那位男友簡直渣得人神共憤！

分手之後，朋友Y就開始暴飲暴食，她自己也心知肚明，這樣吃下去自己會發胖，她也知道變胖對自己不好。可是，她就是控制不住自己的嘴，各種各樣的、喜歡的和不喜歡的都吃，吃撐了就直接上床睡覺，哪兒也不去！

基本上，她一天能吃五頓飯，毫無顧忌地吃，冷熱酸甜拿來就吃，通過大肆進食來讓自己暫時忘記痛苦，甚至吃到吐，她也無所謂。

只不過，這種看上去很犒勞腸胃的方法，其實不僅對身體是一種傷害，還會讓自己記起曾經的點點滴滴，所以，看上去很釋然的生活，實際上是一種對自我內在的嚴重折磨。

不僅暴食，她還暴飲。

老話說得好：「何以解憂，唯有杜康。」為了解憂，她經常找幾個能傾吐心事的狐朋狗友痛飲，不僅能因此讓自己敞開心懷大醉一場，還能讓自己借著酒勁傾倒出自己的情感垃圾。

但是，垃圾桶這個活誰也不想多幹，找不到人陪時，她就會自斟自飲、自我舔舐傷口，於是更加覺得自己寂寞又沒人愛。

在酒精的麻醉下，容易讓自己的意識短路，她偶爾會不由自主地打電話給那個渣男，醉醺醺地問人家為什麼不要她。

沒辦法，女生分手後一般都會有挽回的想法，就是賤哪！可是當時死要面子，腦子一熱，分就分了，但到底是為什麼分手她得搞清楚，正好借著酒勁哭啼啼地撒嬌，以期能博得同情、重新開始。

你說這種人傻不傻？看看你現在這個樣子，吃到變成一個肥婆，眼睛腫得像個核桃，除了親者痛、仇者快，留下一個胃病的隱疾，你還能得到啥？沒有半點意義。

這完全是一種自虐行為，男人不喜歡你了，再怎麼傷害自己也不會激起他的憐愛之心。

要不說女人一戀愛，智商都會變為零——你說你死命地把自己作賤成這樣，把自己吃胖了，有本事妳以後就別減肥呀！

都說女人是水做的，所以，至於流淚那也不算什麼大事了！。相較於男人，哭是女人最得體的權利。大多數人對女生失戀後的痛苦都表示很理解；但是，假若一個男人在人前哭哭啼啼的話，很容易被人鄙視，不得不讓人「另眼相看」了！所以，我這位好友Y在失戀後充分運用了這項權利，她覺得自己能夠透過這種發洩痛苦的方式來釋放自己的憂愁和創傷。

失戀的女人哭起來，簡直能寫一本《論花樣哭法》：人前號啕大哭；人後獨自隱忍、啜泣；你笑著安慰，她哭；你陪著悲傷，她更哭；帶她出去散心，又開始如數家珍——這張長椅他們一起坐過、那家冰淇淋他幫她買過、那家店他們經常去光顧，這家店他們說要去但已經沒機會一起去了……

事實上，從科學的角度來說，把痛苦哭出來對身體是有益的，而且失戀後的心傷，透過淚水來發洩也是無可厚非，不過，能不能不要動不動就哭，像個關不緊的水龍頭一樣。

關鍵是，事後你還得拼命喝水、敷面膜來補救你那張飽經滄桑的臉，浪費資源是很可恥的啊！

哭是一個人懦弱的表現，為什麼失戀就得哭呢？哭有用嗎？這不僅僅是給情敵看笑話，還給了渣男得意的資本。

看看電視劇中後宮爭鬥的故事，妃子失寵後，有哪幾個會自暴自棄、暴飲暴食、整天以淚洗面？這種人基本上根本就會被秒殺啊！

失戀的人還有一件務必要做的事，那就是一個人窩在家裡看電影，而且要是各種求而不得、相忘於江湖、被現實阻隔的悲傷電影，彷彿在尋找同病相憐的人！每個故事都把自己的經歷帶了進去，把前任妖魔化或偶像化——姑娘，醒醒吧！你倆現實生活比白開水還平淡，沒那麼多波瀾起伏啦！

然後，每次看得發自肺腑、感同身受！結果，越看就越憂傷，越憂傷就越要發洩，於是越會陷入暴食的漩渦中，形成一種惡性循環。

Y本來就屬於社會上那種有夢想、肯拼命、工作狂似的女生，因為失戀帶來的心理創傷，她採取了一種類似自殘的方式摧殘自己的身心靈。

以前她是個很愛打扮的人，可是現在的她，把自己搞得黯淡無光，不打扮也不喜歡逛街買衣服，只知道要虐待自己的胃。而胃現在被撐得很大、體重也急速飆升、身材已經完全走樣、性情更是變得暴躁——整個人變得非常奇怪。

失戀後，你應該多想想他的薄情寡義、他的劣跡斑斑，反覆地洗腦自己，務必讓自己越來越討厭對方。這是讓你拋棄牽掛與不捨並從這段失敗的感情中盡速走出來的最佳方法。

千萬不要去懷念這段感情的美好，千萬不要去想念他的溫柔體貼，千萬不要用別人的錯誤懲罰自己，這樣做的你實在是太傻了！

分手之後，一定要讓自己過得更好、活得更美，好到能讓渣男後悔，美到能讓更好的人來追。不要每天困在失戀的漩渦裡，天天嚷著沒有愛就活不下去，或是覺得全世界都放棄自己。

別太高估自己，世界那麼忙，根本沒有時間去可憐你、在意你。

你只是討厭看見不夠理智的自己

明知道分手已成定局，再多的挽留也只是在自我作賤，但就是克制不住自己的嬌縱，因為情感戰勝了理智。

前幾天刷微博，看到一篇男生吐槽自己前女友的貼文，內容大概是：

男生和該女友在一起兩年了，感情一直很好，周圍親友都以為他們畢業後就會結婚。但是，男生實在忍受不了自己的女友，原因是女友總像小公主一樣，過於嬌縱！他覺得相處得太累，只能跟對方說分手。

結果，他身邊的朋友，甚至家人都不諒解他，他自己心中實在鬱悶，只好發貼文詢問網友的意見。

舉個例子，這女孩一直在節食減肥，因為經常不注意飲食，常常鬧胃痛，平時又不愛運動，於是經常生病，每次男生都要放下手邊的事情去照顧她。如果沒有及時關心她，她就會去跟朋友抱怨，說男朋友對她不好、不關心她、不體貼等。

後來，男生為了讓女友多吃點有營養的食物，買了好多平時她愛吃的東西送去，結果，女朋友竟大發雷霆，大吵一架之後，跟他冷戰了無數天。男生感到委屈，自己只是不想要女友不健康地減肥。

後來，女友把食物吃光，胖了以後，大罵了男生一頓，說他故意破壞自己的減肥計畫，因而要鬧分手，男生哄了良久，兩人才和好。

這樣的事情還很多，比如，女友發的訊息他沒看到或者晚回了，她就會大發雷霆，說是不是不愛她了，非要他道歉、認錯不可！

甚至，每天晚上都得要說「晚安」或「我愛你」——如果哪天忘記說，那他就要倒大楣了。各種大大小小的節日、紀念日，他一定要記得準備驚喜，不然後果不堪設想！

這些都還算是小事，男生都還能夠忍受，畢竟他覺得女生有時候小題大作一點也是可以理解的。真正讓他想分手的是，有次他和朋友出去玩，開車的時候不小心和其他的車子發生了擦撞，人是沒有受傷，但處於驚嚇狀態時，女友打電話來，他就向她說了這件事。

沒想到，女友一句關心他的話都沒說，反而開始說自己看上了哪款包，品質好，價格又不貴。他問了句：「你都不關心我一下嗎？」女友竟說：「反正又沒怎麼樣，一個大男人怎麼還跟女生一樣小題大作呢？」

男生聽到這句話後是什麼心情，我們無法得知，至於到底是女生太嬌縱還是男生小題大作，我們也無法斷言。

不管底下的網友評論是「女生嬌縱一點才可愛，女生不矯情，還要你們男生幹嘛？」

或是「這樣的女生都能找到男朋友？那我們這些善解人意、不要紅包、不要禮物的美眉，為什麼沒人要？」

而這些都無濟於事，反正男生已經做出了選擇。

大學時，我們班就有一對人人羨慕的情侶，就像貼文中的男女主人翁一樣，甚至我們這些同學私下連紅包都準備好了，就等著他們發喜帖。

可是畢業不到一年，他們倆就分手了，具體的分手原因我們這些同學都不太清楚，雖然好奇，但也本著「事不關己」的原則，沒真正去了解他們分手的內幕。畢竟現在這個社會離婚都不足為奇，何況只是分手？

只不過，我們很多同學都是他們倆的共同好友，經常能夠看到他們的朋友圈內容，所以對於他們的一些事也漸漸有些了解。

男生的性格較大剌剌，很少在朋友圈發文，經常半年才更新一次動態，都是一些搞笑的視頻或文章，基本上都可以忽略。女生則屬於較有文采的正妹，但是文采這種事，玩得好的叫文青，玩得不好的就是矯情了。

由於他們在戀愛期間也一直分分合合，基本上每次吵架，女生就一定會在朋友圈發文，賣弄文字的程度讓我連安慰都開不了口，只能默默按讚，以表我心。

其實很多情侶在一起的時候，女生常常會發一些如：「有你在，很安心」、「真想一直這樣和你到白頭」或「夜微涼，但你的懷抱很溫暖」，這種一看就讓人雞皮疙瘩掉滿地的文來「撒狗糧」！

當吵架時，她們又會發一些如：「今天頭有點痛，但是再也沒有人會幫我買藥了」、「我以為我們會一輩子相伴到老，看來是我太天真了」或「昨晚做了個惡夢，醒來才發現，你已經不在我身邊」的怨嘆文。

這些暗示性很強的文字，目的是想讓男友看見後，能主動來找自己和好，然後可以繼續「撒狗糧」。

在他們真正分手的那天，女生在朋友圈發了一篇長文，講述他們之間從相識到相知再到相戀，直到最後分手的完整經過。

她記得他們確定關係的日子、記得第一次約會的日子，也記得兩人第一次吵架的日子——所有的紀念日她都記得，甚至每一次的節日，她都很用心地準備禮物。他們曾經是那麼相愛，最後卻還是分開了，但是她不怪他。

文章句句透露出她對他的愛意和對他的不捨，底下一片「心疼」、「要堅強」的鼓勵性評論，甚至還有朋友寫道：「人生總會經歷過幾個渣男才能學會成長。」

直到現在，還能經常看到她發的一些感性文，每到一個地方總是懷念和男生的曾經：「經過遊樂園會想到他，路過電影院會想到他，甚至連看見藍天白雲也能想到他！」

可是，此時男生早已有了新女友。

我看著朋友在底下的評論從激烈到麻木，最後漸漸地沒有多少評論了。

很多時候，我們明知道分手已成定局，再多的挽留也只是在自我作賤，但就是克制不住自己的嬌縱，那是因為情感戰勝了理智。

我們常常以為自己討厭嬌縱，其實是討厭自己的不理智，希望分手後的朋友都能記住：情感的支配使我們懷念，理智卻告訴我們不要打擾。

我們無法分辨嬌縱是對或錯，但是，我們可以選擇用更理智的方式來面對一切。

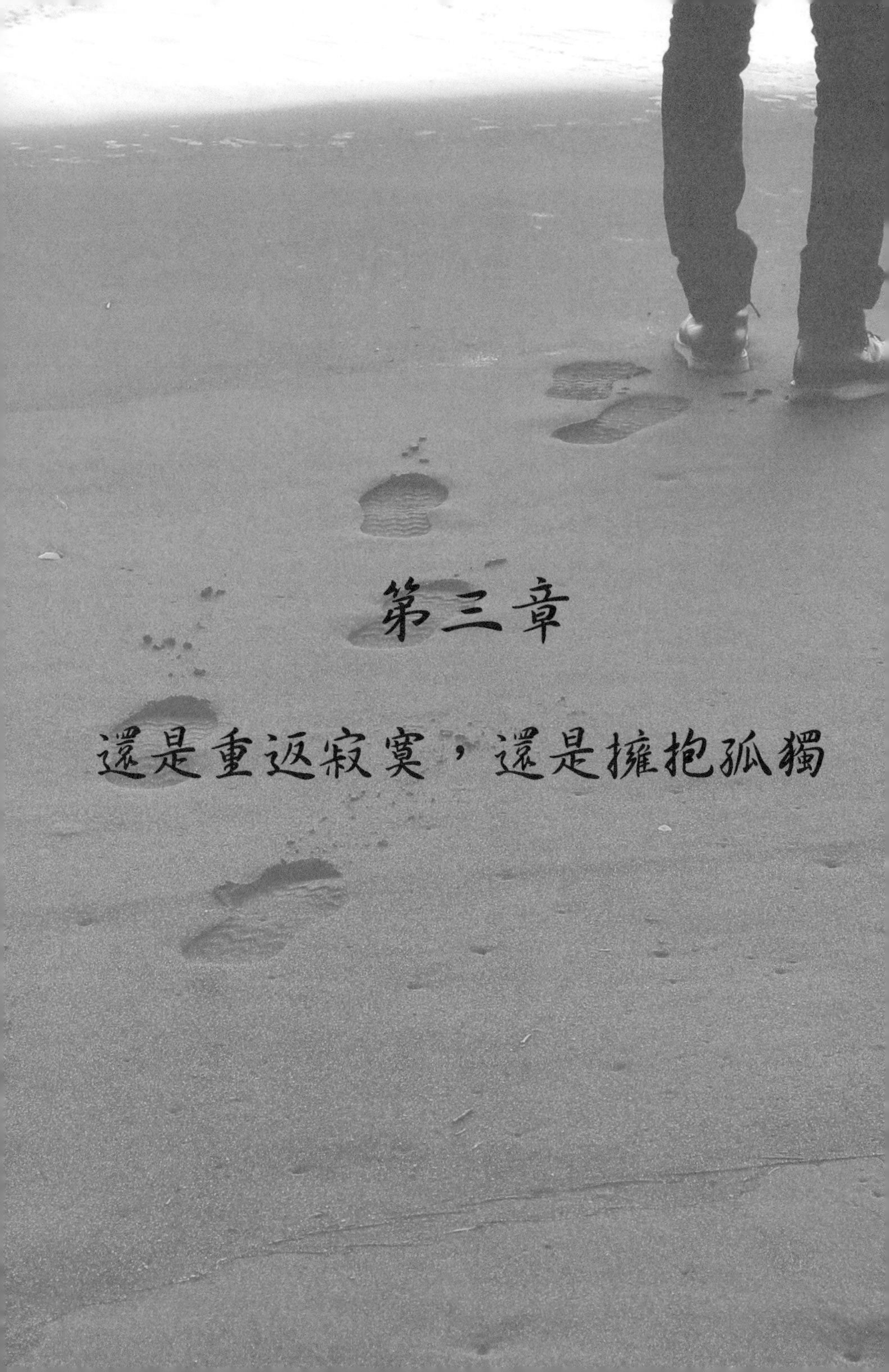

第三章

還是重返寂寞，還是擁抱孤獨

被人記住，總是好的

我生不帶來，死不帶走，至少現在得留下什麼。要你時時刻刻想我，要你這輩子忘不了我，哪怕是恨！

我有位同學強子，因為出生在小鄉鎮，家庭經濟狀況並不好，在讀大學前幾乎沒有踏出小鄉鎮一步。

強子從小非常努力學習，一路從當地最好的小學、中學一直升上重點高中。街坊鄰居、親戚朋友都說強子是塊讀書的料，認為他天資聰穎。但其實強子並不特別聰明，一路走來，全是靠勤奮。

小時候，強子就聽別人說北京是首都，是全國最好的城市。後來他在電視裡看見北京的繁華，就在心裡默默地告訴自己，以後一定要去北京。

對強子而言，北京就是他的信念，也是他努力的目標，總能在他想要放棄的時候給他力量。在大考志願卡上，強子全部都填了北京的學校。最終，強子的成績不負眾望，被第一志願錄取了。

來到北京後，強子親眼看到只在電視裡見過的肯德基、麥當勞，發現安踏、特步不是最貴的品牌。他還一直想不通，為什麼北京的冰棒都那麼貴？只因為它叫做哈根達斯？

在這座燈紅酒綠的大城市裡，強子還遇見了自己心愛的姑娘。他喜歡上同系的一個女生，女生在城市裡長大的，高個子又帶有洋氣，長得漂亮還多才多藝，在系上非常受歡迎。

強子以前只顧著學習，從未有過懵懂的青澀暗戀，這女生是他生命中第一位喜歡上的異性。

俗語說：「女為悅己者容」，其實男生也不例外。

從小心思只專注在課業，強子從不認真打扮自己，就那麼兩、三件衣服替換，有時還會忙得忘記刮鬍子，看起來就像個邋遢鬼。

現在有了暗戀的對象，強子開始注意自己的外在，雖然買不起名牌，但是他把T恤、襯衫、牛仔褲洗得清爽白淨。雖然沒有多餘的錢做髮型，只留著小平頭，但他每天也會把頭髮整理得很乾淨，每天都刮鬍子，至少讓自己看上去人模人樣。

在沒有喜歡上女生之前，強子白天上課，課餘時間就去打工，晚上則固定工讀。現在，他辭去了晚上的工讀工作，把時間分成兩半，一半時間去體育館鍛鍊身體，一半時間則去圖書館看書，遠遠地陪著那位女孩。

人說紅顏禍水，強子這樣究竟少賺了多少錢？

不到半年的時間，強子把自己從一個「一心唯讀聖賢書，兩耳不聞窗外事」的書呆子變成了陽光的運動男孩。

肌肉練出來了，臉上也棱角分明了，但他還是覺得自己不夠好，怕配不上女生，始終默默付出和努力改變。

不得不說，他還挺有自知之明的。

看到這裡，你一定覺得這是一則勵志故事吧？小說裡有太多這樣的例子——喜歡上一個人，並為之努力地變得更好，最後幸福地在一起了！

然而，現實卻是在強子為女生努力蛻變的那半年裡，有個男生比他早一步跟女生告白，然後女生就和那個男生在一起了。

不是女生薄情，也不是女生殘忍，而是在女生的眼裡，強子實在太沒有存在感了，甚至她根本不知道強子的名字，就遑論她會知道他的心意了。

強子說他非常後悔，覺得自己窮而配不上別人，覺得自己得努力賺錢、健身，想要等自己有足夠底氣、有足夠能力去愛一個人的時候再表明自己的心意，覺得在此之前，只要能每天看見女生就足矣。

結果，他錯了！

因為他不敢嘗試，連追求的機會都錯過了。他當初就該放手一搏，大膽地表現出自己的心意，就算被拒絕，至少也在女生面前露了臉，不至於像現在這樣，女生連他是誰都不知道。

我對強子說：「你看每部電視劇裡都會有這樣的橋段，反派因為愛不成主角，不乾脆地放手，總會由愛生恨，等人格黑暗化後再盡情地凌虐主角一番，還要搭配經典臺詞『我要你時時刻刻想我，我要讓你這輩子都忘不了我，哪怕是恨！』所以，你要不要仿傚一下？」

強子還真的認真思考了一會兒，暗自估算了一番，然後無奈地表示：「微臣辦不到啊！」

再說我那位當老師的大伯吧！

這世上有兩種老師：一種是你一輩子記得的，一種是你怎麼想都想不起來的。而你能記得的，大多是這個班級的老師溫和親切、那個科目的老師嚴厲狠毒。

而能讓你一輩子記住其姓名、長相的老師，百分之九十九不是你認為的好老師，反而是你學習生涯中，一想到就咬牙切齒、恨不得能暴打他一頓的那位。

我大伯當仁不讓的就是這一種，被他教過的學生都有一個共同的感慨，覺得自己像是後母的孩子——只有錯，沒有對。

藉家裡有老師之利，每晚放學後我都留在大伯的辦公室裡寫作業，以便隨時請教。就這樣，我看到了一些不該看到的事情，這些差點在我的童年裡留下陰影。

大伯對工作非常盡責，每天都把學習成績相對不好的學生留下來，花時間幫他們輔導，然而，本該是師徒情深的畫面，卻多是兇殘冷酷的對立情景。

大伯真實的性格很和善，在家總是笑嘻嘻的，到了學校則像是變了個人，面色永遠陰沉得像暴風雨來臨的前兆，對待學生極為嚴格——只有懲罰，沒有獎勵。

別的老師根本不在意的小事，比如學生偶爾一次亂丟垃圾、上課時不專心、寫作業時粗心漏寫，在他眼裡就像是犯下了滔天大罪，非把學生罵個狗血淋頭不可。

其實這樣做，大伯自己也累，每天回到家都感覺精氣神完全被學生榨乾。

伯母曾勸大伯：不必給自己太多壓力，不要把責任全攬到自己身上，對學生再嚴格，他們也不懂你的好意，還不如做個寬鬆的老師，睜一隻眼閉一隻眼不是輕鬆許多嗎？為什麼非要做個惡人呢？

大伯語重心長地說：「這不僅是為學生好，也是為我自己好。豹死留皮，人死留名，一個人光溜溜地來到這世界，最終還不是赤裸裸地離開這世界，我生不帶來，死不帶走，至少現在得留下什麼。」

現在大伯家裡總有以前教過的學生前來拜訪，一提學校裡的某某老師，總能從犄角旮旯裡鑽出一個人說：「那是我老師。」而我和同學們聚會時提到最多的老師，竟也都是大伯。

時間能抹平一切，一個普通人存在的痕跡不過三代，百年後，世間再無人知曉你的存在，你就像塵埃一樣隨風而散——那樣，人活一世又有何意義？不能流芳百世也要遺臭萬年，這說法雖然有些誇張，但不論是為了愛情還是名利——被人記住，總是好的。

年年花不同，歲歲人相似

別人在你身上已看不見驚喜，
一成不變不只是原地踏步，更是逆水行舟，不進則退。

你很久沒有去美容院了，因為你覺得現在的髮型最適合自己。

你從來不去別家餐廳，因為你不願意嘗試新的口味。

你常年用同一個牌子的化妝品，皮膚都開始免疫。

你十年如一日地穿著相同風格的衣服，自己都開始感覺厭煩。

每天朝九晚五、兩點一線，抱怨這種一眼就能望穿的模式是多麼枯燥乏味，卻不願意承認自己的單調無趣。

前一段時間，我發現一位女同事連續幾天都愁眉不展、面色憔悴，一問才知道，她和先生的感情出現了危機。

他們從國中認識，大學畢業後結了婚，至今也已經十幾年了！可是，最近他們之間的衝突越來越多，一點雞毛蒜皮的小事都能吵得不可開交，而且她覺得先生好像沒有以前那麼愛她，除了會對她的一些言行表示不認同外，有時候講電話也會避開她，甚至把手機密碼換了，若她不經意碰到先生的手機，先生就會開始發脾氣。

這些現象都讓她變得非常沒安全感，她不敢問也不敢說，只能默默忍受。

心中壓抑了太多鬱悶，導致她在工作時經常出錯，情緒幾近崩潰。後來公司主管看不下去，開導了她很多次，結果，依然沒什麼效果，畢竟，解鈴還須繫鈴人，問題的根本還是在她先生身上啊！

這樣逃避是沒有任何用處的，你不主動開口去問，他又不說，那你永遠不知道真正的問題出在哪裡，也就沒辦法解決問題。然後，你們之間的隔閡只會越來越深、距離也會越來越遠，直至感情消磨殆盡。

後來，她下定決心，畢竟七年之癢都熬過去了，十幾年的感情怎麼可以輸在這種時候。不料，她卻只得到先生一句——我膩了，受夠妳了。

同事這下真的崩潰了，明明以前很相愛的兩個人，怎麼能說變心就變心？這麼多年的相濡以沫，難道男人真的抵擋不住外界的誘惑嗎？

兩個人在一起的時間長了，激情漸漸消退，這時候並不是因為外界的誘惑多麼吸引人，更多時候只是：每天早餐都是豆漿、雞蛋或者包子，每天晚餐吃來吃去都是那幾樣，每次約會都是看電影、去餐廳吃飯然後回家，每次逛街也永遠都是那幾家，每次買的衣服都是某一種風格，然後，每天面對著同一張臉，早就審美疲勞了。

剛在一起的時候，喜歡你不施粉黛，喜歡你自然清純，喜歡你知足常樂。可是漸漸熟悉了以後，才明白自己想要什麼樣的類型，而你卻仍停留在剛認識時的樣子，沒有絲毫改變和進步。就像很多人喜歡吃番茄炒蛋，但是天天吃、餐餐吃，總有一天會吃到想吐。現在或許還喜歡，但是卻再也吃不下了。

如果你一直是牛仔褲配短袖的清爽，為什麼不嘗試一下連身洋裝的性感嫵媚？如果你一直留著披肩長髮，為什麼不嘗試一下短髮的俏麗可愛？如果你每天都素顏見人，為什麼不學著化上淡妝？

這些事情做起來並不難，難的是你沒有這個覺悟——你不願意改變自己，也不願意接受別人的改變。

去年高考時，有則新聞吸引了很多人的注意：

在眾多青春懵懂的高考學子中，有一位五十多歲的阿姨也參加了那次高考。

記者採訪了這位特殊的考生，阿姨表示，她每天早晨六點多起床，就為了能夠有高效率的學習；她通常不會熬夜學習，即使這樣，她還是晚上十二點或凌晨一點入睡。

雖然年齡大、學習能力沒有年輕人快，必須要比其他人付出更多的心力，但她仍樂在其中。同時，周圍的人們都充滿質疑，覺得一個五十多歲的人還想去上學簡直是荒謬，然而，就算沒有多少人贊同，也絲毫沒有影響到她對學習的熱情。

當一個人退休後，沒有了工作壓力，兒孫也都過得幸福，不再需要自己操心，開始有大把的休閒時光，要嘛去公園練練太極拳，要嘛和老朋友叨叨絮絮，再不然就是在家買菜做飯，安享晚年。

可是在大考不限年齡後，五十多歲的阿姨擺落了既定的人生路徑，重新追求從前沒有完成的大學校園夢。而我們年紀輕輕卻已開始安於現狀，把自己活得像個老人。

身邊的朋友進入職場後照樣花錢去培養幾種興趣愛好，甚至比上學的時候更積極進取；公司的同事每天忙得焦頭爛額，依舊利用下班時間參加各種培訓課程；父母即使老了，仍然努力學習更多的網路知識，以便跟上潮流，只因為他們害怕被時代淘汰。

常有人會表示不滿——我這麼辛苦、兢兢業業地為公司工作一輩子，為什麼還只是拿微薄的薪資？而那些進公司沒幾年的同事卻能薪水豐厚、一漲再漲？明明我比他們多了這麼多年的工作經驗，為什麼從未漲過工資？

你不是比人家多了一輩子的工作經驗，而是你將這個經驗用了一輩子。

很多人都懼怕改變，他們害怕未知、害怕變數、害怕風險，自欺欺人地認為自己就是喜歡熟悉的環境、熟悉的朋友和熟悉的生活方式，這樣讓他們很有安全感——像永遠蜷縮在殼裡的蝸牛，安全地待在自己的世界裡一成不變，而這樣並沒有什麼不好。

可是時間並不是一成不變的，所有的人都在用力追趕時間，你的一成不變真的能帶給你安全感嗎？

不能！因為在時刻變化的社會中，你的一成不變不只是原地踏步，更是逆水行舟，不進則退。

生活就是這樣現實。

如果你不努力改變現狀，一年後的你不僅老了一歲，還可能不如現在的你。曾經喜歡你的人不僅不喜歡你，可能會討厭你；曾經想要的生活不僅不會主動靠近你，可能還離你更遠了。

因為，別人在你身上已經看不見驚喜，即使你經常更換花瓶裡的花，你終究是那越來越老舊的花瓶。換一條回家的路吧！你將會發現許多不曾見過的風景。

不刷朋友圈的人，可能生活真的很貧瘠

朋友圈就是現實生活中人際關係的縮影，你是什麼層次，交的朋友就什麼層次，朋友圈也什麼層次。

之前看到網路上流傳的一則貼文：「你很少發動態消息，也不常更新朋友圈，你一定過得很好吧？因為最愛的人就在身邊。」

其實我想問，最愛的人就在身邊和自己發不發朋友圈有什麼關係？

我見過很多整天膩在一起的情侶，經常在朋友圈秀恩愛，也見過從來不發朋友圈的單

身狗。難道發朋友圈就一定要自怨自艾、孤芳自賞嗎？

朋友圈剛盛行的那幾年，無數人為之廢寢忘食，晚上睡覺前的最後一件事就是刷：看看身邊朋友的最新動態、關心一下即時新聞、了解一些新鮮事，然後興致勃勃地在朋友的動態下回應幾句，聯絡聯絡感情。

早上起床後的第一件事也是刷朋友圈，而且一定要刷到前一天晚上發的那條動態，這或許治好了很多人從不早起的陋習。

遇到好看的景色便拍一張發到朋友圈，立刻引來朋友們按讚；看到優美的文章便轉貼到朋友圈和朋友分享；聽到勵志的語錄便分享到朋友圈與朋友共勉之。

公司有一位同事就特別喜歡刷朋友圈，每次工作一有空檔就要刷微博、刷ＱＱ空間。每次看見搞笑的貼文都會說給我們聽，看見有趣的雞湯文也會和大家分享。

某次閒聊的時候，就有同事問她，為什麼現在還熱衷於刷朋友圈，現在的朋友圈早已經變得面目全非，再也不是以前的樣子了！

我依稀記得她當時的回答：「不會啊！每次我心情不好的時候，就會看看朋友圈裡的貼文，緩解一下心情。有時候和朋友好久沒聯繫了，看到她的動態就知道她過得好不好，但朋友圈很多廣告或沒用的訊息我都已自動過濾。天天上班下班、兩點一線，再不刷朋友圈，我怕自己都要跟時代脫節了。」

無聊心煩的時候或壓力太大的時候，看看朋友圈，你會發現每個人都在曬美食、曬美景、曬幸福，一切都是那麼的正能量，哪還有時間去傷春悲秋？

有段時間太忙，好久沒有更新朋友圈，自己也不在意。直到有一天，突然接到我媽的電話，我還以為出了什麼事情，因為我媽一直很少打電話給我。

結果，我媽只是單純地關心一下我最近怎麼樣、薪資夠不夠用。她說：「因為你好久沒有刷朋友圈，怎麼都不出去玩、不出去吃好吃的呢？我擔心你是不是錢不夠用了？」

我媽開始會用朋友圈之後，就一直緊跟潮流、經常刷，學習一些網路語言，說是為了能跟我更好地溝通，所以我自從加了我媽的微信之後，從來沒有對她按過隱藏。

其實，我常常關注我媽的朋友圈，了解她的動態總會讓我更安心一點。現在才知道，我媽很少打電話給我的原因，是因為她能從我的朋友圈裡了解到我過得好或不好。

從那以後，沒有特殊情況，我都會時不時地發發朋友圈、轉載一些文章，因為我知道，在朋友圈的另一端還有很多關心我的人。中國式的家庭就是這樣，無論是父母對子女的愛，還是子女對父母的關心，總是羞於啟齒，只敢默默關注。

所以不是最愛的人就在身邊，就不用發朋友圈，而是這世界上除了你最愛的人，還有更多愛你的人，他們會很在意你過得好不好。

真正愛你的人，會時不時地關注你的朋友圈，因為他們想知道你的一切，如果你不發朋友圈、不發訊息，別人怎麼知道你過得好不好？

為什麼現在這麼多人不願意發朋友圈？因為無論你是曬美食還是曬旅遊，總有朋友覺得你是在炫耀，並且懷疑你是報喜不報憂、為了充面子。其實，他們只是因為看不慣別人過得比自己好，因為他們的內心太過黑暗了。

所以，去旅遊景點不管看見什麼美景，都要發一下文，因為有問題的不是朋友圈，而是朋友圈裡的朋友。就像「半杯水」的故事一樣，樂觀的人看到的是還有半杯水，而悲觀的人看到的是只剩半杯水。

同樣的朋友圈，正能量的人看見的是幸福美好的一面，負能量的人看到的是黑暗陰鬱的一面。

看見朋友在朋友圈裡曬別人發給他們的網路紅包或老公送的名牌首飾、化妝品、豪宅等等，就在背後諷刺人家愛慕虛榮，天天就知道炫富、不務正業——其實就是自己的嫉妒心在作怪，因為不僅自己買不起，甚至連人家炫富的牌子都不認識。

看見朋友在朋友圈裡曬自己的美照，或者是秀恩愛，就評論「秀恩愛、死得快」，不然就說人家又美顏修圖，其實還不是因為自己是隻長得「拿不出手」的單身狗。

看見朋友在朋友圈裡發購物廣告，就口無遮攔地問人家怎麼也開始發這種討人厭的廣告了，甚至有些人發現身邊出現發購物廣告的朋友後，就立刻對他按隱藏，連日常生活都不敢來往，好像看了他們的朋友圈就會被坑錢一樣——其實是因為自己既買不起正品也買不起免稅的，只能一口咬定是假貨而堅決抵制。

現在很多人都不願意刷朋友圈，因為在他們看來，朋友圈現在已經被垃圾訊息攻佔了，不是炫富文就是雞湯文，已經不是之前那個用來維繫感情、調劑生活的朋友圈了。

其實，朋友圈就是現實生活中人際關係的縮影，你是什麼層次的人，你交的朋友就是什麼層次，而你的朋友圈也就會是什麼層次。

以前認為，從來不刷朋友圈的人很有個性、很酷，因為常聽人說，朋友圈炫什麼就是缺什麼——現在才知道，從不炫富的人或許真的不缺錢，從不秀恩愛的人可能也很幸福。

但反過來推測，看見人家炫富就酸氣沖天的人是真的缺錢，看見人家秀恩愛就說死得快的人是真的缺愛，因為，他們無論是精神生活還是物質生活都過得很貧瘠。

當我們放下那些偏見和執念時，你會發現現實生活很美好，朋友圈一樣很美好，只要我們擁有一雙善於發現美的眼睛。

你時常會覺得自己一無是處？恭喜你，答對了！

我們常常抱怨世界不公平，卻學不會反省自己。當你發現自己一無是處，別怕，至少你還有自知之明。

小時候，曾聽過這麼一則故事：

有位農家少女頭頂著一桶牛奶，從田地裡走回家，走著走著她突然想到：「這桶牛奶如果賣了的話，至少可以換三百個雞蛋。三百個雞蛋大概可以孵出兩百多隻小雞。等到這些小雞長大了，再拿到市場中去賣，一定可以賣很多錢。這些錢足夠讓我買條漂亮的裙子和一些亮眼的首飾，那麼在聖誕舞會上，我就能打扮得漂漂亮亮的，到時一定會有很多年輕帥氣的小夥子向我求婚，而我要搖搖頭拒絕他們。」

這時，她情不自禁地搖起頭來，頭頂的牛奶一下子掉在地上，灑了個乾淨。她的美妙幻想也隨之被打破，變得一無所有。

我們生活中經常會遇到這樣的人，他們總愛幻想自己未來的美好生活，以為自己的夢想一定能夠實現，然而現實卻往往不盡如人意。

前幾天遇到以前的同事大樑，就閒聊了幾句。

大樑今年三十歲，還沒有女朋友，果不其然，聊了幾句就問我身邊有沒有認識的合適對象，要我幫他介紹女朋友。

我不敢隨便答應，只說幫他留意一下。

其實大樑人不壞，我們還是同事的時候雖然交集不多，但是也聽其他同事提到他的一些熱心事蹟，後來因為一些工作上的事情也漸漸熟悉起來。

大樑剛到公司時，曾憑藉不錯的外形吸引了公司裡眾多小姑娘的愛慕眼光，加上他又是一名設計師，這就更加錦上添花。

當時很多單身姑娘都打聽大樑是否單身，得到肯定的回答後都沾沾自喜。不過，同在一家公司共事，大家相處時間久了，就發現大樑的一些缺點。

大樑自從大學畢業後已經換了四家公司，期間做過銷售，做過裝修，也做過設計。基本上每家公司待一段時間，就開始跳槽到另一家公司，從來沒有在一家公司能堅持工作兩年以上。

一開始大樑跟我們談起這些往事的時候，他不是怪A公司的主管太腐敗，就是怪B公司的待遇不好，覺得屈就自己。

直到應聘進我們公司之後，才稍微有點穩定下來的意思，畢竟在他看來，公司無論是待遇還是規模，都讓他暫時覺得滿意。

只是，後來大樑還是辭職了，因為他覺得自己並不適合設計師的工作。

本來大樑是有一位女朋友的，聽說上大學時他們就在一起，不過後來還是分手了。

原因大概是女生想結婚，可是大樑的工作一直不穩定，不是突發奇想去和朋友一起搞裝修，就是毅然決然地辭職自己創業，他常常一份工作做得好好的，卻突然發現其他工作好像更能賺錢，便立刻辭職，轉移戰場。

三番兩次以後，女生怎麼敢放心和他結婚？結局當然是一拍兩散。

現實中，很多男生都覺得女生現實，明明自己已經努力賺錢了，女生卻還是想找個有錢人。然而事實並非如此，女生並不是嫌棄你窮，而是嫌棄你好高騖遠。

當你進入職場，發現別人輕輕鬆鬆就能升職加薪，而自己卻領著微薄的薪資，你開始抱怨公司不重視你，於是直接辭職換下一份工作，完全不考慮自身問題。

時間長了，你發現自己已經換了無數份工作，可是每一份工作你都做不好，仍然一無是處。而跟你差不多年齡的人，要嘛事業有成，要嘛家庭幸福。

我們常常抱怨世界不公平，卻學不會反省自己。

鄰居家有個比我大幾歲的姐姐欣欣，還有一個年紀跟我差不多大的弟弟。鄰居媽媽身體不好，一直臥病在床，而鄰居爸爸是普通工人，全家就靠他一個人的工資養。

小時候，這對姐弟倆很少穿新衣服，但是他們很懂事，從不隨便跟家裡要錢買東西，而且他們人很好、很善良，也經常帶著我一起玩。

我從小就喜歡這姐姐，老是黏著她。每次欣欣在寫作業，我就會坐在旁邊看，但她總是一寫就寫很久，有時我纏著她，要她陪我玩，她便會勉強抽空陪我玩一會兒。

記得有一次，我忍不住問她：「為什麼每次都寫到這麼久？你們老師指派這麼多作業呀？」

她無奈地說：「因為我沒有別人聰明，所以要比別人多寫作業才行。」

長大後，欣欣的事情越來越多，每次放學回家，既要照顧母親，又要打掃家裡、洗衣做飯，作業也寫到更晚了，我當然不好意思像以前一樣黏著她。

她成績很好，從小學起就一直擔任班長，我媽每次都要我向她學習。我從來不對此反感，因為在我心裡，欣欣確實就是我的榜樣。

我上高中的時候，欣欣考上了國立重點大學。要離家時，她請我去她家吃餞別飯，我送了她一件白天鵝的陶瓷裝飾品。

後來，我很少見到她，每次都只能在網路上聯繫。假期她也很少回家，一直在兼差打工賺生活費——在大學期間，她從來沒有向家裡要過一分錢。

然而，愛美之心，人人皆有之。

沒有和別人一樣富裕的家庭，她就自己賺錢買漂亮的衣服、喜歡的東西。

每次我都勸她不要這麼拼，她就開玩笑地說：「我也不想這麼拼，但是我長得不漂亮，想嫁有錢人很難，所以只好努力讓自己變成有錢人。」

畢業後，欣欣去了一線城市，進入一家外商公司，現在她已成為自己所謂的有錢人了。

所以，你沒有一份好的工作，不是因為你好吃懶做、好高鶩遠，而是因為你的家境一般，而是你的父母只是普通工人，不能在事業上給予你任何的幫助；你沒有一個溫柔體貼、腰纏萬貫的老公，不是因為你長得一般、身材臃腫，又不注重內涵，而是因為那些高富帥優質男人都瞎了眼，只喜歡漂亮的女孩；你沒有一個可以無條件支持你、信任你的朋友，不是因為你言而無信、不懂得報答，而是那些朋友沒有無私奉獻的精神，不配做你的朋友。

當你終於發現自己一無是處，別怕，至少你還有自知之明。

人生不過是可憐之人與可恨之人的來回切換

可憐之人或許不必然有可恨之處，
但人生往往是可憐之人與可恨之人的來回切換。

今早上班，發現坐在我隔壁的同事王穎臉色凝重，一副旁人勿近的樣子。

我們辦公室裡人員不多，年紀也都差不多，感情比一般同事好得多。

王穎為人仗義又熱情，不論同事遇到什麼問題，只要她能幫忙的地方就絕不推辭，平時下班出去小聚一下也都由她號召、組織，基本上算是我們辦公室的領導人物，同事們都很喜歡她。

公司是做廣告策劃的，不久前業務拓展、人員緊縮，公司又招聘了一些新的員工。

我們辦公室新來的員工正巧是王穎的學妹，熱心腸的她立刻「認起親來」，於是兩個人的關係突飛猛進，每天形影不離，學妹有什麼不懂的地方或者不會做的工作，王穎都盡心幫忙。

今天一看這位學妹沒有和王穎一起吃午飯，我們就有點納悶了，追問之下才知道具體情況。

要說王穎對於這位學妹的照顧，大家是有目共睹的——學妹剛畢業就進入公司，起初根本適應不了公司高壓的工作，工作項目十之八九都無法如期完成，總要加班加點，然後結果往往還不盡如人意。

看著學妹哭紅的眼睛，王穎每次都留下來和她一起加班，指導她工作，但卻還是會出點小錯，因而讓這位小姑娘惴惴不安，忙得焦頭爛額。

王穎也感到心急，畢竟上司看學妹越來越不順眼，只怕她再出錯就可能要被辭退了。

有天，公司接到一位重要客戶的訂單，上司發話表示，誰能把這份訂單完成，就讓誰升職加薪。於是，王穎請學妹協助自己一起完成企劃案，也想藉此給學妹一個機會，讓她能夠快速成長起來。

在這個競爭激烈的年代，想要在職場中佔有一席之地還是要靠自己的努力和奮鬥，靠別人的幫助是長久不了的。

之後王穎就每天和學妹一起策劃、討論，常常加班到半夜。王穎是真心想要幫助學妹，工作起來特別賣力，新點子是一個一個地往外拋。

共事這麼久，我們對於王穎的能力都是非常欽佩的，大家都覺得只要學妹跟著王穎好好學習，這筆生意要是成功了，老闆一定會留下她，運氣好說不定還能提前轉正。

可惜，人算不如天算，算來算去更是算不到人心！

今天是交稿日，但學妹竟然在昨天晚上拿著王穎的企劃案，提前去找了經理，並向他彙報這個方案是她自己一個人想出來的，絕口不提王穎的名字。

早上，王穎拿著企劃案去找經理的時候，話還沒來得及說，就被告知學妹早已將稿子交來了，公司高層覺得非常滿意，只等客戶過目，之後就可以儘快落實了！

末了，經理還誇獎王穎，說學妹在她的指導下進步得飛快，現在已能獨當一面。

事後，王穎找到學妹，聽說兩人大吵了一架，具體情況我們不得而知。

不管學妹是否有什麼其他的苦衷，但是竊取他人的想法和方案據為己有，甚至以此來鞏固自己的職場地位都是令人不齒的。

王穎起初看學妹一個人在陌生的城市舉目無親，工作上又常常不得要領，不忍心看她一個女孩子這麼可憐地辛苦打拚，因而主動幫助她，但學妹恩將仇報、翻臉無情！

我們常看見處境可憐之人就下意識地同情他們，想要盡最大可能幫助他們，最後卻發現分不清他們是可憐還是可恨了！

你在街上看見一個乞丐，衣不蔽體、骨瘦如柴，看起來可憐至極，就把身上的零錢都給了他。

後來，你無意中發現他換了一套衣服，人模人樣，開著你開不起的香車、吃著你吃不起的大餐。

這究竟是可憐？還是可恨？

朋友因為失戀，哭得昏天暗地、上吐下瀉，甚至嚴重到要上醫院急診。

你因為擔心她一個人會想不開，到哪裡都帶著她，連和男朋友約會都不忘帶著她——結果她卻搶了你的男朋友，事後還怪你給他們製造機會。

這究竟是可憐？還是可恨？

同事因為工作做不完，下班了還要加班，苦苦哀求你幫忙！你看她實在可憐，好心幫她熬夜幫她做完，卻發現她早早回家和男朋友去逛街、看電影！

第二天，她不僅連一句謝謝都沒有，還怪你不夠小心地犯了一個小錯誤。

這究竟是可憐？還是可恨？

「窮」得吃不起飯的人，你看他可憐便借他飯錢，等過幾天他手頭寬裕了，你想要回這筆錢，他卻故作不知。

要是你追問得緊，他還反過來怪你：「這點錢也要還，你是有多窮？」於是眾人都說你小氣，可是欠債還錢，難道不是天經地義的事情嗎？

這究竟是可憐？還是可恨？

「笨」得做不完工作的人，你看她整天忙這忙那，一刻也不敢停歇，但是工作就是做不好，急得滿頭大汗，甚至連簡單的表格操作都要忙上大半天！

你看不下去，一遍又一遍耐心地教她操作，可是她卻怎麼也學不會，到最後說了這一句：「這麼難，不如你幫我做吧！」轉身就下班了——我是要幫你，可不是要替你做啊！

這究竟是可憐？還是可恨？

無論是生活中還是職場中，我們都會遇到很多可憐之人，他們要麼「窮」得吃不起飯，要麼「笨」得做不完工作。然而，深入了解後，你才會發現他們的可恨之處。

可憐之人或許不必然有可恨之處，但人生往往是可憐之人與可恨之人的來回切換。

這世界上不幸的人有千萬種，他們或許真的可憐，但也或許有其可恨之處。

當我們面對可憐之人想要幫助他們時，我們更應該思考他們為什麼可憐，而不是盲目地同情他們；當我們遇到可恨之人時，也更應該思考他們為什麼變得可恨，而不是一味地加以譴責。

第四章

開始懂了，快樂是選擇

錢多不一定會擁有快樂，但是錢少一定不會快樂

沒錢不是我們的錯，
但是都沒錢了還不努力就是我們的錯了。

之前網路上流傳一篇文章：

某著名作家跟一位土豪一起喝茶聊天，土豪說太累了，不想開車，大家各自叫車回去吧！喝完茶後，一輛計程車都攔不到，作家決定坐公車回家。土豪則說算了！他願意繼續等。

一路顛簸，作家回到家後打電話給土豪：「叫到車沒？」土豪無精打采地說：「實在

不想等了，旁邊剛好有一賓士店家，就隨手買一輛開回家了！」

很多網友看了，表示原來土豪也有煩惱，錢多不一定快樂，土豪的煩惱說不定比窮人還多！

我深表贊同，果然仇富心理是會傳染的。然而現實是，錢多不一定會擁有快樂，但錢少一定不會快樂。

好久沒見到的好友小美，最近在微信與她聊天，她總是三句不離男朋友，話語裡的甜蜜感似乎穿透螢幕，激出我一身的雞皮疙瘩！

我很好奇地要了照片來看。

照片裡的男生單眼皮、高鼻樑，乾乾淨淨的，看起來有點韓國小鮮肉的感覺，怪不得小美被迷得魂不守舍的。

整整一下午微信聊天的時間，我像是被迫看了一部浪漫愛情小說：

每天清晨在陽光中醒來，男朋友已經準備好早餐。

晚飯後去社區旁邊的公園散步，手牽著手，沿著公園的曲徑小路，像老夫老妻，走累了就找個涼亭。我小鳥依人地靠在男朋友懷裡，聽他講童年那些趣事。

每週會去看一次電影，結束後會找一家西餐廳度過一個浪漫的夜晚。從電影的選片到餐廳的預定，男朋友都會一個人搞定，我只負責享受就好。

偶爾還會出去旅遊一次，也一定是男朋友事先做好攻略之準備。每次旅遊都玩得非常盡興，完全不用擔心會出現突發狀況。

我的生日、我們的紀念日……男朋友都會事先準備好禮物，極盡所能地給我驚喜。

小美在那邊興致勃勃地打字，時不時地還發兩張他們旅遊的照片。我內心實在受不了這撲面而來的炫耀，連忙打斷她：「『狗糧』吃得有點多，容我先去吐一會兒。」發完不等她反應，我連忙關了手機。

大學時，小美也曾交過一任男朋友。

那時候大家都是學生，本身沒什麼多餘的錢，她男朋友家裡也不是特別富裕，平時花錢就非常謹慎小心，自然不會心血來潮就送她禮物。雖然看別人的男朋友都會送女朋友一些小禮物做為驚喜，但她也就跟我們抱怨幾句。

小美家雖然不是大富大貴，但看得出她的父母也都很疼她，吃的用的盡可能給她最好的。但自從她談戀愛之後，卻一直省吃儉用。逛街時，看見很喜歡的東都得忍痛放棄，就只為了存錢以便能和男朋友看電影、吃西餐。

那時候愛情至上，她也不太在乎這些物質方面的問題，兩個人在一起時雖偶有衝突，但一直都相當甜蜜。

大學畢業後，他們在兩個不同的城市打拼，男生一次也沒有主動去看過小美，一直都是小美坐車去看他，連回程的車票也是她自己買的。為了省錢，她甚至捨不得買客運車票，都是搭乘好幾個小時的區間車。

有次，小美去看他時錢包不小心被偷了，別無他法的情況下，只好託他幫忙出車費。當時她正逢生理期，肚子痛得要命，想請男友幫買張車票。可是她那位男友竟嫌她小題大作，汽車票比火車票貴了將近一半，他工作這麼辛苦，賺錢不容易，生理期而已，哪有那麼嚴重？

小美打電話給我，帶著哭腔說：「能不能借我兩百塊錢？」我不敢想像，她當時是失望比較多，還是痛苦比較多？

那天晚上，小美在微信上發給我一段話：「我現在才真正體會到戀愛是什麼感覺！和他分手之後，我下定決心要賺錢，要賺很多很多錢，我不想再過因為五塊錢都要和別人斤斤計較，去超市只能去打折區，就連吃甜品也要等到打折出售的那種日子了！」

「我以前一直覺得有錢沒什麼了不起，沒錢也能活得很快樂，但是現實賞了我狠狠一巴掌！現在，我要靠自己的努力，過了自己想要的生活，想買什麼就買什麼。」

「有錢人不一定過得快樂，但是沒有錢一定過得不會快樂。所以，我現在認真工作、努力賺錢，就是怕自己過得不快樂，未來只能『窮開心』。」

快樂，是人類精神上的一種愉悅，是心靈上的滿足。

逛街時，你一眼就相中一款高跟鞋，你非常喜歡它，試了一下，感覺穿著舒適，看著也覺得很適合自己，可是瞥了一眼價格，覺得實在太貴。再瞄一眼這雙高跟鞋，發現其實也就和路邊攤那些高跟鞋沒什麼差別，甚至可能還沒有帆布鞋來得實用。

於是，你放下手裡的高跟鞋，買了你覺得實用且價格便宜的帆布鞋，但你不會覺得快樂，因為一開始你想買的是就只是那雙高跟鞋。

有句歌詞唱得好：「得不到的永遠在騷動……」你可能一輩子都在為沒有買那雙高跟鞋而深感遺憾而悶悶不樂！

然而，如果當時你狠下心來買了那雙價格不菲的高跟鞋，之後可能會連續吃很長時間的泡麵，因為你的錢包不能讓你隨意地買你喜歡的東西——你同樣會因為當時買了那雙高跟鞋而後悔。

買或不買，你都不會快樂。因為你既沒有不買的灑脫，也沒有恣意揮霍的財力、能力。

錢多不一定很快樂，但是錢少一定不會快樂。沒錢不是我們的錯，但是都沒錢了還不努力就是我們的錯了。

我們要在該奮鬥的年紀選擇更加努力地奮鬥，這樣才能在買帆布鞋時，知道自己是因為喜歡而買，不是因為沒錢才買——我可以選擇帆布鞋，但前提是，我也有穿上高跟鞋的資格。

吵架並非最好的情話，掏錢包才是

愛情不是金錢，但是愛一個人就會想為她花錢。
世界上最美的情話不是「我愛妳」，而是「我刷卡」。

要問感情中最讓人受不了的是什麼，答案絕對是「冷暴力」，其威力不遜於原子彈，只要一點燃，女生立刻就炸、屢試不爽。

一旦感情中有了衝突和摩擦，男生總是想著女朋友現在還在氣頭上，說什麼她也不會聽進去，不如等她冷靜下來，我再和她解釋。

而女生則想著他竟然還不來解釋，果然被我說中了吧——好，你不理我，那我也不理你，看誰堅持的時間久。

等到過了幾天，想去和女朋友解釋的時候，才發現你哪裡還有女朋友？

吵架只是感情生活中的調味劑，是用來解決問題的一種途徑，適當的爭執可以讓兩個人的感情升溫。難道常吵架的夫妻就一定不恩愛嗎？從來不吵架的夫妻就一定恩愛嗎？都不盡然！

近兩年「網路紅包」興起之後，引發了一系列的「糾紛」：父母向子女表達疼愛，發個紅包；朋友之間有事相求，發個紅包；情侶之間分隔兩地，發個紅包問候一下。

那段時間，幾乎每個人時時刻刻都抱著手機，有一個紅包沒搶到就捶胸頓足。其實也沒有多少錢，但人們就是享受搶紅包的滿足感。時間長了，就開始出現各種各樣的問題了。

之前刷微博的時候，看到一個女生吐槽：情人節那天，男朋友給她發了六十六點六六元的紅包。她男友平時總說什麼「以後賺了錢都給你，你想買什麼就買什麼！」但是交往半年，卻沒有為她買過一件像樣的禮物，就連她過生日的時候都沒什麼表示。

直到這次情人節，男朋友終於良心發現，發給她這個紅包。她當時覺得很高興，結果看見朋友圈的朋友秀恩愛，人家男朋友都是發了五百二十元、九百九十九元，甚至還有發一千三百一十四元的，她就有點不高興了。

和男朋友抱怨之後，男朋友說不用在乎這些形式，以後賺了錢還不是都給你。她又說，你工作這麼久，一分錢也沒有給過我。男朋友就開始生氣，說她虛榮、拜金。

她氣不過，就發文吐槽，想知道男朋友是不是太小氣了或者根本不愛她，所以，她請求廣大網友幫她分析一下：是她想多了，還是男生真的都是這樣，甚至最後她還問網友該不該和男朋友分手。

我好奇地點開網友的評論，一看，大部分都是這樣寫的：

「你男朋友太摳了吧？我生日的時候，男朋友給我發了五百二十元。」

「一個男人如果愛你的話，是一定願意為你花錢的。相反地，不願意為你花錢的男人不是真的愛你。」

「妹妹，我發個紅包給妳，妳和你男朋友分手吧！」

逢年過節的，發個紅包聊表心意，本來是一件很浪漫的事情，但是往往會引起更多的誤會——雙方都有理，最後只能引發一場世界大戰。吵架也吵了，解釋也解釋了，但問題還是沒有得到很好的解決。

前段時間，電視劇《何以笙簫默》一經播出，立刻紅遍大江南北，劇中鐘漢良飾演霸道、深情又多金的男主角，簡直是廣大女性心目中最完美的白馬王子。更讓女生尖叫的是，女主角無論要什麼東西，男主角絕不含糊地立刻就掏出錢包「買」！

多少女生希望自己的另一半也能像劇中的男主角一樣體貼，你想去大買特買，男朋友立刻說刷我的卡——要說世界上男生做什麼動作最帥，那絕對是掏錢包！

女主角有一個同樣有錢的前任，但是她從來不會向前任要一分錢，甚至是送她禮物她也不會收。因為她不愛他，所以連花他錢的想法都沒有——但卻心安理得地接受了男主角給的卡。

一個女人愛你，她才會想要花你的錢；不愛你的話，你的錢丟在地上她都懶得去撿。

最近網路上有兩張很紅的圖片，一張是用各種口紅和眉筆拼出的：「做我女朋友！」另一張是一疊疊百元鈔捆在一起，最下面放著一張紙，上面寫著：「請原諒我！」

這才是表白和道歉的正確方式。

如果你惹女朋友生氣了，你們大吵一架之後還是沒有好轉，反而越吵越嚴重，快到分手的地步了——沒關係，趕緊發個紅包解救一下吧！如果這世界上有一個紅包解決不了的事情，那就發兩個紅包！

很多男生都覺得，女朋友因為生日或者紀念日沒有收到禮物就發脾氣，甚至嚴重到鬧分手是很不可理喻的一件事。甚至還有些男生認為，女生向自己索要禮物是很虛榮、拜金的行為，懷疑對方根本不愛自己，只是看上了自己的錢。

其實呢！比你有錢的多的是，你有長得比人家帥還是怎麼樣，女朋友就非得賴著你？女生需要的從來不是禮物、金錢，而是覺得男人肯為她花錢是一種信任和愛的表現。

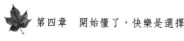

當女朋友熬夜陪你看球賽的時候，當女朋友下班後為你洗衣服的時候，當你打完遊戲看到餐桌上飯菜的時候，你又為女朋友做過什麼呢？

你什麼也沒做過，因為你不知道可以為她做什麼。其實，你完全可以在飯後帶她一起逛逛街，然後在她看中什麼的時候微笑地掏出卡，並深情地對她說：「密碼是你的生日。」

曾經微博上特別流行一句話：「世界上最心酸的事，就是在你最無能為力的年紀遇到了你最想照顧一生的人。」這句話成為那些因為膽小、懦弱而錯過愛人的失敗者最大的安慰。

《喜劇之王》裡有個經典片段：尹天仇站在陽臺問柳飄飄：「不上班行不行？」

柳飄飄回道：「不上班，你養我啊？」

那時候尹天仇只是片場一個跑龍套的，沒有收入，只有一份便當，但是他看著柳飄飄的背影喊了一句：「我養你啊！」即使他連養自己的能力都不夠，但他仍然想要養她，為她花錢。

當你喜歡一個人的時候，花錢是最能直接表達愛的方式：我喜歡你，我控制不住自己就想為你花錢，看到好看的就想買給你。

愛情不是金錢，但是愛一個人就會想為她花錢——世界上最美的情話不是「我愛妳」，而是「我刷卡」。

所以，在這裡奉勸各位，在吵架的時候，能掏錢包解決的事情，都是小事。

真愛一個人，是願意一萬次放棄自由的

真愛是必須以自由為代價換取的。
所有以自由為藉口的人，都只是因為不夠愛對方罷了。

《大亨小傳》裡面有這樣一句話：「如果打算愛一個人，你要想清楚，是否願意為了他，放棄如上帝般自由的心靈，從此心甘情願有了羈絆。」

同事L最近跟女友分手了！他們倆人曾是我們辦公室裡人人羨慕的一對，郎才女貌、恩愛無比。女生體貼溫柔、大方得體，把L照顧得無微不至，分手後還一心求復合，每天都來公司為他送飯、風雨無阻。

其他人都看不下去了，勸L答應女生。

一向心軟的L這次異常鐵石心腸，堅決不答應，被眾人逼急了之後，才紅著眼睛告訴我們：「她樣樣都好，自己對她也還有感情，但是兩人絕對不能繼續在一起，因為跟她在一起太累了！」

女生喜歡管自己的男朋友，每天都要打好幾遍電話來詢問L的動向。L一開始覺得這是女生重視他的方式，還頗為享受、以此為樂。但是，漸漸地，快樂變成了煩惱。

女生性格內向多疑又缺乏自信心，和L交往後，一直處在戒備的狀態，生怕L被別人搶走，用各種方式來彰顯、宣示自己的主權，害L連和普通朋友交流都沒有辦法，甚至好幾次的公司聚會都沒能參加。

無論是吃飯還是逛街，女生都要L把每天經歷的事情不分大小、事無巨細地向她報備，最後，居然表示要辭職到L的公司來陪伴、照顧他。

L已經能預見到她這種做法會讓自己之後過上什麼樣的日子了，他實在不能忍受這種一點自由也沒有的生活，因而提出分手。

L說，跟女生在一起的日子裡，有很多開心的回憶，但更多的是疲憊的感受。每天工作已經很累了，還要應付她各種各樣的無理要求，女生恨不得把自己綁在L身上，半點空間都不留給他。

最後，L對女生說：「我可以為妳做很多事情，也可以為妳改變很多，但是這些絕不能構成對我的枷鎖——對我來說，自由比愛情重要。」

正所謂：「生命誠可貴，愛情價更高。若為自由故，二者皆可拋。」

呸！這些都是屁話！追根究柢，不過只是不夠愛罷了！

幾年前的一個深秋，我與朋友Z相約登山，爬到半山腰，有間祈福的寺廟，香火頗為鼎盛。於是我開玩笑地對Z說：「要不要給妳這個老姑娘求個姻緣籤去？」

Z一邊白眼我一邊說：「不需要！追我的人都繞地球一圈了，是我看不上他們，好嗎？將來我一定會找個高富帥，氣煞你也！」

雖然嘴上說著不要，身體還是很誠實。不得不說，做為一個二十八歲的單身狗，朋友是有些著急的。

古樸的建築、悠揚的鐘聲，置身於這樣的環境下，彷彿整個人都被洗滌了一番。

Z帶著虔誠的面容走進大堂，誠心跪拜，在起身時不小心遺留下一塊手帕。在我們轉身將要離開時，一聲「姑娘且慢」，彷彿慢鏡頭一般，Z一幀一幀、一卡一頓地轉頭，只見一位豐神俊朗的男子——夕陽無限好、楓葉飄零，從此一眼萬年，萬劫不復！

卡！這不是在拍電視劇，以上是朋友Z後來的幻想，在她不止一次的抱怨中我都熟爛於心了！

真實的情況是：Z一轉身就被一個男生撞個滿懷，而男生一開口就是煞風景的一句話：「小姐，你看見地上的二十塊錢了嗎？」Z頓時破口大罵：「誰是小姐？你才是小姐，你全家都是小姐！」

好吧！除了男生長得還算不錯之外，兩個版本的故事真是天差地別！不過後續發展則差不多，Z終於等來了桃花的盛開，兩人很自然地走在一起，但男生不是本地人，兩人只能無奈地維持異地戀。

去年，Z接到了新工作的錄取通知，在外地。

Z本來沒有換工作的打算，因為自己的家鄉是臨海的城市，碧海藍天、環境優美。而且目前從事的工作也是她很喜歡的，工作清閒、收入不錯。

然而，她將換的新工作，無論是工資待遇還是發展空間，都比現在的好，最重要的是，男友在那個城市。與男友異地戀了一年後，她最終選擇前往他所在的城市工作。

但是在與Z的聊天中，她說自己很矛盾、很不捨，因為她真的很喜歡自己現在的生活狀態。這裡是她的家鄉，父母在這裡、家在這裡，她有心愛的愛人，這些並沒有對自己的生活造成負擔，也沒有束縛自己的生活。

她可以保有自己的時間，可以自己一個人看被男友嫌棄幼稚的偶像劇；可以自己一個人開著車逛遍大街小巷，探索這座小城不為人知的巷弄秘密；可以在週末時睡到自然醒，既不必擔心約會遲到，也不必早起精心打扮；可以和朋友相約出遊，可以和朋友去當紅餐廳大快朵頤……

這樣的她是自由的，愛情沒有折斷她飛翔的翅膀，她可以做一切她想要做的事情，然後透過訊息、電話盡情地跟男友撒嬌，享受甜蜜的愛情，分享彼此的快樂。

一個人的生活，並沒有讓她感到孤單寂寞，反而讓她活得快樂自由，讓她的愛情始終展現出最美好的一面。

都說相愛容易相處難，她擔心朝夕相處，雙方深入了解後，愛情會變成牢籠——當他們發現了彼此的很多缺點且不能容忍的時候，生活品質會比一個人時低下很多，到時要怎麼辦呢？放棄自由的代價是過著不如意的生活，那麼到時候她是否會後悔？

然而，生活不能預知，除非你親身走過，否則誰都不能告訴你答案，不試試又怎麼能知道結果呢？

經過一番深思熟慮，Z最終飛往那座城市。

Z說，自由的誘惑到底沒有勝過想陪在他身邊的心情。因為愛他，所以甘願放棄自由，就算結果不盡人意那又如何？至少自己嘗試過。

前幾天接到了Z的請柬，兩人的愛情終於開花結果，看得出來，他們非常幸福。

真愛是必須以自由為代價換取的。

你一旦愛上一個人後，心也就上了一把無形的枷鎖。他的喜怒哀樂便是你的喜怒哀樂，只要你在乎他，情緒就會受對方影響——因為愛他，才會想要時刻套著他；而因為愛他，被束縛的人也是幸福的，甜蜜大於痛苦。

所有以自由為藉口的人，都只是因為不夠愛對方罷了！遇上這種人，只能祝他孤獨終老，慢走不送。

愛一個男人，就為他生個孩子

孩子是兩人愛情的結晶，是上天饋贈的禮物。
延續彼此的生命，融合兩人的血脈，是最有意義的事。

因為工作的地方離家比較遠，我在公司附近跟人合租了一間房子。

合租的女孩高莉長相豔麗、打扮時尚、緊跟潮流，還有一個高大英俊的男朋友，每天在我這個單身狗面前秀恩愛，害得我每天都想下蠱詛咒他們。

我上班的公司是一家新公司，每天忙得腳不沾地。所以，雖然住在同一個屋簷下，但是跟這個室友見面的機會很少。等到工作終於穩定下來後，突然發現高莉的男友已經換人了，這讓我不禁驚訝萬分！

由於沒有熟悉到可以過問隱私的地步，我便沒有多問。

漸漸熟悉後，我稍微融入高莉的生活圈。

高莉性格爽朗，不忸怩做作，不論是當朋友還是情人都讓人如沐春風、自在舒服，因此身邊從不缺乏追求者。

但是高莉的每一段戀愛，為時都不長久，每一次也都是轟轟烈烈。現在的男朋友算是保鮮期最長的一位了，大抵是因為男生陽光開朗、性格也大剌剌的，跟她志趣相投，兩人每天像小孩子一樣嬉戲玩鬧。

但是半年後，他們還是沒能逃過分手的命運。

我很好奇，這麼陽光開朗的女生怎麼就沒人珍惜呢？

我一直認為是那些男生不長眼，沒想到深入了解了高莉的性格後，只能大呼，原來瞎了狗眼的人是我呀！

高莉對待感情的態度該怎麼說呢？說她三心二意嗎？但她又非常專一，身邊的男生雖說像走馬燈式地換，但是從不腳踏兩條船，和一個人交往時就一心一意地對那個人好。

不過她實在太沒定性了，沒有一個男生能讓她願意為之穩定下來——這次就是因為男生跟高莉求婚，她不僅拒絕了他，還直接殘忍地說了分手。

我實在忍不住，決定打破砂鍋問到底：「這麼多優質帥哥在妳身邊，一個個都對妳死心塌地，關鍵是妳居然不珍惜，簡直是賤得沒天理啊！妳不怕遭雷劈嗎？有沒有考慮過那些沒人要的老姑娘的感受啊？」

在我的再三追問之下，高莉才說：「之所以分手是因為覺得自己還年輕，不想那麼早就定下來。」她喜歡的是戀愛的感覺，享受的是兩個人在一起的舒適感，她不願意把自己那麼早就埋進愛情的墳墓裡。

結婚生子更是她不曾想過的事。她只享受二人世界，不想自己每天乖乖待在家裡，狼狽不堪地給孩子把屎把尿、洗衣煮飯。即使自己不開心，還要做出種種奇怪的舉動、發出各類怪異的聲音來逗小孩子開心。

這樣的生活太壓抑了，完全喪失了自我。

我不禁問道：「那妳愛他嗎？」高莉脫口而出：「愛！」

放屁！凡是不以結婚生子為代價的戀愛都是耍流氓。

一個女人真心愛一個男人，就會想跟他生活在一起，和他組成一個家庭，為對方生兒育女，希望兩人的愛情能開花結果。否則，談戀愛幹嘛？妳抱著手機去吧！

高中時班裡有一位同學，在那個禁止談校園戀愛的年代，她和她男朋友是學校裡人盡皆知的一對，就連班主任和各科老師都知道他們倆的事情。

他們各自的成績都還不錯，老師為此做了各種動作，依舊沒能成功地棒打鴛鴦。

現在想起來，在那個我還不懂何謂秀恩愛的時候，他們就已經撒了一把又一把的「狗糧」給我，以至於「單身狗」這個詞出現的時候，我連抗議都沒有，很快地就在心底默默接受。

可不是嗎？在你每天狂背書本狂做題，被題海戰術虐得跟狗似的時候，人家兩個在旁邊卿卿我我，看得你牙癢癢，恨不得衝上去咬幾口！

高二的時候，他們倆就互相見過家長，並且徵得雙方家長同意——不得不感嘆，現在的家長真是開明啊！

後來兩人一起考上大學，雖然不是同一所，但是在同一座城市，不知羨煞了多少人！

沒想到我跟女生考進了同一所大學。即使我們專業不同、交集不多，卻也沒能阻止冷冷打在我臉上的「狗糧」。

大三的時候，六年的愛情長跑終於開花結果，女生廣發喜帖，將他們的喜訊昭告天下，這完全是我意料之中的事情。

畢業之後，大家各奔東西，有半年的時間沒有見過面。

在上一次的同學會中，我發現女生居然已經懷孕了！

要知道，雖然他們感情很好，但她是典型的頂客族，她曾經跟我說：「生孩子有什麼用？孩子就是來討債的！有了孩子，就再也不能保持漂亮的身材，女人會變成一個大水桶，衣櫃裡所有的衣服沒一件能再穿得下！」

「每天穿得像個黃臉婆，衣服上還時不時會有尿漬、奶漬，再也沒有閒置的時間可以和對方一起旅行，手牽手去遊遍祖國大好山河，手牽手去看全世界的美景名勝。」

「從此以後，再也不能任性地睡到日上三竿，以前兩個人可以一起去吃大餐，或者隨意湊合著吃鹽酥雞或滷味當一餐，一旦有了孩子，就再也不能隨心所欲，一切言行都要先考慮到是否會對孩子產生不好的影響，再也沒有所謂的二人世界了。」

最重要的是，她覺得有了孩子，丈夫的重心將會轉移到孩子身上，進而影響到兩個人之間的感情。

只不過結婚之後，她改變了自己的想法，因為男生特別喜歡孩子。

因為愛他，看見他對孩子的溫柔，自己整顆心也柔軟了起來，就想為他生個孩子，看著他從此由男孩變成一個成熟的男人，然後兩人一起陪伴著小生命長大。

孩子是兩個人愛情的結晶，是上天饋贈的禮物。不僅如此，孩子還是彼此生命的延續，融合了兩個人的血脈，是聯絡夫妻感情的紐帶，是對於夫妻兩人來說最有意義的事。

真愛一個男人，就應該為他生個孩子。

這樣，即使你已不在而他也老去的時候，還有人能像你一樣，摟著他的脖子跟他撒嬌；在他沒有照顧好自己的時候，抱怨他不聽話；天涼了，給他買溫暖的衣服、鞋帽，在他出門前親手為他繫上圍巾，幫他買他最愛喝的酒，或者做他最愛吃的菜……

誰說老實木訥的人不可愛

既忠厚又純良，
不善交際卻迎難而上、笨拙憨直卻堅持努力，
這些樣子萌起來可是要人命的好嗎！

「老實人」一直是個褒義詞，表示這個人善良、忠厚且待人真誠。

但是，在當今這個價值觀扭曲的社會中，「老實人」已不再為社會人所推崇，一說到老實人，人們的印象都是膽小怕事、少言寡語、木訥呆滯、優柔寡斷以及處事笨拙的人。

家鄉有個特別老實木訥的人，算是我的叔伯輩。跟他同齡的人，孩子都快上大學了，

他卻還沒有結婚。

從小村子裡就流傳著他上小學時的笑話，別的孩子以他所站的地方為圓心，畫了一個圈，不讓他踏出去，他就真的在圈裡站了半天，一動也不動。

老實人沒有什麼學歷，也沒有什麼一技之長，更做不出什麼有出息的事，連自己都過得不怎麼樣，更別提要讓家人過上好日子了！他的老實其實就是無能，一種讓人看不到盡頭又令人感到絕望的無能。沒有人肯嫁給他，這很容易理解。

我記得小時候村裡會按家庭人數調整國有土地的分配。土地嘛！當然會分肥沃的或是貧瘠的，而誰都想要好的，所以為了公平起見，大家決定抽籤——每戶由一個人做代表，抓到哪塊是哪塊，不能反悔，全憑運氣。

老實人不知走了什麼運，居然抽中了一塊很好的地。

碰巧村長抽中的地比較貧瘠，就跟老實人以商量之名行唬弄之實地說：「哎呀！其實兩塊地都差不多嘛！而且，正好我家旁邊那塊地也是你家的，這樣你種起地來也方便啊！要不我們倆換一下地怎麼樣？」

老實人不愧是個十足的老實人，想著長官都開口了，也不好意思拒絕，於是就答應了。

誰都知道這兩塊地相差很大，只不過是村長看準了他為人老實、不懂拒絕，所以才敢提出跟他換地的要求。

結果，那塊地種出來的糧食，收成明顯地比普通的地還要少三成，導致那幾年老實人家裡都過得非常拮据。

雖然老實人情商低，不會拒絕別人，但不代表他愚蠢。相反地，老實人很聰明，只是不善於玩弄心機。

在我看來，他是個非常可愛的人，也許這個詞用在一個中年男人身上並不合適，但他實在是一個很可愛的人。

沒有結婚自然沒有孩子，所以，他對待我們這些晚輩猶如親生孩子一樣，小時候每逢秋收，他都會買我們愛吃的零食、糖果分送給我們，然後在一旁憨憨地看著我們笑。當我們玩遊戲的人手不夠時，他會不自覺地加入進來，並且堅定地給每個人「放水」。

你說這樣的人不可愛嗎？

而我的閨密甜兒，是個皮膚白、年輕貌美、有著大長腿的女孩，家世好、能力佳，還有一個相當甜蜜恩愛的男友，簡直是人生贏家的典範。唯一美中不足的地方就是她挑男友的眼光實在不怎麼樣。

甜兒的男友是我公司裡的一個同事。說起這位同事，該怎麼形容好呢？嗯，我只能說，高高大大的個頭，看上去極有安全感。對，沒錯，就是安全感！

雖說這年頭長得帥的人一般都是花心大蘿蔔而不老實，但是姑娘啊！咱們也用不著找個這麼老實的啊！你不說，我都以為這位哥們得了輕度弱智——他不僅僅長得老實，作風也老實，整個人散發著一種極度憨厚的特質，甚至老實到有些傻氣的地步。

他們確定了交往關係後，甜兒帶著他和我們幾位朋友見面，她問他：「昨天要你買給她們的禮物呢？」

該男生聽了之後，持續了五秒鐘左右沒發出任何聲音。甜兒以為他沒聽到，又問了一遍，這時他才慢吞吞地說：「聽到了，在車裡，這就去拿。」

一般情況下，被問問題的人若是沒有馬上想好怎麼回答的話，會以拉長音的「嗯——」來表示自己還在想，但這位老實的男生竟毫無反應，讓人覺得非常可愛。

後來，甜兒跟男生撒嬌說，之前在家手洗了一大桶衣服，手都被泡皺了——其實就是想聽他說一些誇獎的話、甜言蜜語什麼的，結果男生想了很久，居然說了句：「妳真勤快！」

甜兒內心幾乎崩潰，但轉眼又笑嘻嘻的，因為她看中的正是他的老實忠厚。而這樣不解風情的男生別有另一種可愛——甜兒的男朋友大概是我見過脾氣最好的男人了。甜兒具有獅子座的火爆脾氣，而這兩人待在一起，基本上就是她在鬧、他在笑。

有一次甜兒無理取鬧，大半夜跑到我家來，她男友不停地給她打電話，她就不停地胡亂罵他，最好笑的是，甜兒口是心非地說不准男友來找她，這可愛的男人竟然真的不敢來。

每次甜兒大聲朝他發脾氣，他雖然也會表現出不悅的神色，但最多也只是說一句：「妳幹嘛喊得那麼大聲！」

你看，就是這麼的好脾氣。

不僅如此，男生對甜兒很體貼，總是噓寒問暖，生活中的瑣碎小事讓她感覺很溫暖。但是，他們的每次約會都讓甜兒感到深深的憂傷，因為約會流程基本上都靠甜兒想。

有一次甜兒過生日，知道老實人不會買什麼浪漫的禮物給她，她只好在他面前明示暗示地表達了自己想要一隻寵物的意圖。因為每次逛街，她看到流浪貓、流浪狗都會停留好一會兒，不停地嘆惜，深深地覺得牠們很可憐。

無奈男友是個呆頭鵝，就是搞不懂甜而說的是什麼意思，好不容易開了一點竅，結果還開偏了——他在甜兒生日當天送了甜兒一大包貓糧、一大包狗糧，還跟她說，這樣以後隨時都可以去餵那些流浪貓、流浪狗了。

這簡直讓人哭笑不得，沒辦法，「怒其不爭」啊！

最後，甜兒還是自己去領養了一隻流浪狗。但是，這樣的男生難道不可愛？很萌的，對吧？

「老實」，本來應該是一個優良的特質，卻越來越受人們質疑，而「老實人」幾乎成了懦弱、不受重視甚至是好欺負的代名詞。

在現代都市，尤其是夾雜在職場與生活當中的很多年輕人，最忌諱別人誇他老實，一句不帶任何情感的「你可是個老實人」，聽起來似乎帶著濃厚的貶義，而不那樣中聽。

但是，誰說老實人就不可愛了？他們既忠厚又純良、不善交際卻迎難而上、笨拙憨直卻堅持努力，這些樣子萌起來可是要人命的好嗎！

第五章

把從前想了一遍，謝謝傷過我的人

別去恨前任，只怪自己太癡情

所有的戀戀不捨對於不愛的一方來說都是打擾，不愛了就是不愛了，再勉強也是徒勞。

「我這麼愛他，他怎麼可以這樣對我？」我拿著電話，聽著另一頭憤怒而無助的哭聲，不知道該怎麼安慰徐慧。

每一段感情失敗了以後，被拋棄的人都會發出這樣的疑問：「我這麼愛他、我對他這麼好、我為他放棄了這麼多，他怎麼可以這樣對我呢？」

對呀！他應該把工資卡都交給你，下班回家早的話還要幫你做做家務，週末帶妳出去旅遊，時不時地給你一點小驚喜，這樣才對得起你的一片癡心、深情。

徐慧是我大學時的室友，高三時認識了男朋友，上了大學兩人沒讀同一所學校，也不在同一座城市，但是她仍然堅信兩個人能熬過異地戀，在不遠的將來就會踏入神聖的婚姻殿堂。每天晚上都會打視訊電話，只要是閒著，就可以看見徐慧抱著電話笑得一臉甜蜜，更時不時地跟我們分享他們之間肉麻的聊天紀錄。

聽室友說，徐慧和男朋友相識在一個浪漫的午後：她騎車從校門口經過，正好撞上了迎面而來的他，然後他們就這樣相識了，並且堅定地認為：這種小說中才會出現的狗血劇情發生在自己身上一定是有什麼寓意，於是他們一不做二不休地確立了戀愛關係。

戀愛中的人總是智商為零，他們的所有生活重心全部放在另一半的身上。

我們一起逛街買衣服的時候，總是不停地挑選喜歡的衣服，一件一件不厭其煩地試穿，可是我那位陷在愛情裡無法自拔的室友卻每次都盯著男裝，一臉幸福地說：「我男朋友穿這件一定很帥」、「這件也不錯，跟他的風格很搭」。

我們每次都會嘲笑她像個白癡，眼裡、心裡都只有男朋友，但也真心為他們高興，衷心希望他們能有情人終成眷屬。

剛開始異地戀的時候，兩個人都對彼此有信心，加上剛上大學的新鮮感，覺得世界的一切都是那麼美好。而且週末或者假期，男朋友也經常花兩、三個小時的車程來陪她。我們老遠看見，還會故意地調侃他們。

徐慧的生日，他們的愛情紀念日，男友也從來不會忘記，會提前給徐慧寄禮物，那時候我們都很羨慕。只是那時的她和我們都低估了異地戀的影響，也高估了他們的感情。

異地戀的壞處就在於不能隨時隨地見到面，經常讓一些小衝突被無限放大——你發的訊息他沒有及時回，一次兩次的你不介意，十次八次的你就開始懷疑而開始質問對方。若對方又一副我沒錯也沒什麼好解釋的態度，你就會開始覺得他變了！

或許對方只是在忙，也或許只是湊巧。但是戀愛中的人往往都是敏感的，你開始列數他之前的種種不好，他也開始指責妳變得不可理喻，因為以前你一直都是溫柔文靜的。

你們互相指責，越說越火大，吵架的次數也越來越多，時間一長，終於在你又一次說出「分手」的時候，他沉默了一會兒之後，竟然說「好」！

明明以前你一說分手，不管是誰的錯，他都會立刻道歉，並保證以後再也不惹你生氣了！可是，這次他終於同意之後，你開始糾纏不清了。

「我們在一起那麼久了，從高中到大學畢業，這麼多年，我一直以為我們會永遠在一起。他說拿生活費偷偷用來買遊戲裝備，我二話不說幫他支付遊戲金；他感冒發燒了，我就算沒時間趕過去，也會拜託他的室友幫他買藥。我對他這麼好，我這麼愛他，他怎麼可以這樣對我？」徐慧語無倫次地訴說著自己的委屈和前男友的無情。

我想起，曾在宿舍吃著西瓜看電影的時候，她卻還要打工賺錢給男朋友買禮物。我們感嘆愛情偉大的同時，卻也準備對愛情敬而遠之——男朋友再重要，也比不上西瓜的情調啊！

我想起，有時候大半夜醒來還能看見她在跟男朋友通電話，即使第二天要早起考試，她也可以因為男朋友的失眠而放棄睡覺，直到男朋友有了睏意。

我想起，她會因為男朋友的一句「想你了」，就不遠千里地蹺課去見他。

「上次他說分手，我知道是我無理取鬧了一點，但是我也道歉了！我知道一生氣就說分手是我不對，但我是想他挽留我啊！我去了他們學校，在他宿舍樓下等了兩個小時，他當時原諒我，我們就和好了！」

「可是現在才過了多久，他怎麼可以真的不要我了？他說他累了，不想再繼續了，可是我們這麼多年的感情，怎麼能說放下就放下？」徐慧在電話那頭泣不成聲，反反覆覆地說著他們多年的往事。

在你看來，是一段多年的感情，可是對於對方來說，不愛就是不愛了，沒有感情的關係完全沒有維持的必要——你硬要維持，那將來痛苦的是兩個人。

有情人終成眷屬的前提是彼此要有感情，愛情從來不是一個人的事，也不是一個人有感情就能維持得了的事。

異地戀從來不是感情破裂的藉口。

或許你會想，我們曾經那麼相愛，他現在只是誤入歧途，我再努力一點，他一定能記起我們那些曾經的美好；只要我不放棄，他早晚都會浪子回頭的。可是所有的戀戀不捨對於不愛的一方來說都是打擾，不愛了就是不愛了，再勉強也是徒勞。

為什麼你這麼愛他，他還是狠心拋棄你呢？因為不是世間所有的深情都不會被辜負，從來沒人要求你一定要對他多好，他就不會不和你分手；也從來沒人告訴你一定要多麼愛他，他就會一直和你在一起。

反而很多人會說：「你不要對我這麼好，我沒什麼可以報答你的；你不要再喜歡我了，我是不會喜歡你的。」

你全心投入自以為偉大的愛情中，以為對方終會被你的癡情感動，可是被感動的從來不是愛情，而是同情。

獨立背後都是眼淚，堅強裡頭全是傷疤

我們從小就熱切地渴望獨立，等到真正獨立的時候，才發現獨立就是在外人面前強忍淚水和故作堅強。

記得上學的時候學過一篇課文〈我與地壇〉，作者是史鐵生先生。還記得當時老師這樣介紹——史鐵生先生是當代中國最令人敬佩的作家之一，雖然因病導致雙腿癱瘓，但他多年來與疾病頑強抗爭，在病榻上創作出了大量優秀的文學作品。

我印象最深刻的是他曾說過這樣一句話：「職業是生病，業餘在寫作。」這話充滿了自我調侃，即使他身體殘缺，也從未自暴自棄。世人都說，即使他經歷的是常人難以想像的苦難，但他的文章卻難得地表達出對生命的樂觀態度。

但是我卻想說，他能創作出這麼多流傳於世的優秀作品，正是因為在這些成就的背後，他承受了太多的苦難和折磨。

從小到大，看了太多的偉人傳記，很多人不像普通人有健全的身軀，卻有著異於常人的堅定毅力，他們在各個領域取得了不凡的成就。但是人們更關心的往往是他們成功之後的光鮮亮麗，對於他們究竟克服了多大的困難、熬過了多少傷痛，卻很難體會其中的萬分之一。

小時候還不能真正懂得堅強的含義，以為身體健全就可以避免遭遇這些苦痛。長大後才發現，這世間有萬般不幸，只是人們用淚水和痛苦將傷疤雕刻成生命的鎧甲。

白經理是我們公司最受人敬佩的女強人，雖然已經三十多歲了，但保養得宜、身材高挑，常常讓人看不出她的年齡。而她經常把頭髮盤起來，又戴著一副無框眼鏡，每每看見她，都覺得像是看到我上學時候的學務主任，充滿了氣勢。

聽說大學時期追白經理的人能繞操場兩圈，其中不乏特別優秀的追求者，但是白經理從來沒有接受過任何一個人。因為她有一位從小一起長大的青梅竹馬，畢業之後，兩個人就結婚了！

起初，白經理的家人並不同意這樁婚事，嫌棄男方家裡條件不好，怕白經理嫁過去受苦，可是白經理一意孤行，最終還是和愛人步入婚姻的殿堂。

白經理為人很好，雖然看上去相當嚴厲，但是內心其實非常柔軟。據說剛結婚的時候，白經理和愛人過得很清苦，因為男方父母都是農民，連婚房都沒有，最後只能東拼西湊地借錢蓋了間房子，婚後沒多久他們就去了外地打拚。

聽白經理說，那時候她老公連饅頭都捨不得多吃一個，能不吃就不吃，餓了就猛喝水。可是即使生活再苦，白經理當時也沒向家裡要過一分錢。

白經理很好強，這點我們都看得出來。

她懷孕之後，他們的生活又更加拮据了。生完孩子沒多久，白經理開始重新找工作，想要幫家裡分擔一些開支。

那時候他們兩個人一起努力賺錢，生活還算過得去。漸漸有了積蓄之後，白經理的老公開始自己做生意，接下來的日子，一切都漸漸好轉了起來，不僅買了房子，還買了車。白經理則在丈夫的要求下，辭職在家、專心照顧孩子。

可是這世界上的夫妻大多只能共苦，不能同甘——什麼都沒有的時候，兩個人只有一個目標，並且為了這個目標努力奮鬥；什麼都有的時候，人們心底的欲望會逐漸被喚醒。

白經理是一個眼裡揉不得沙子的人，她毅然決然地選擇了離婚。一個離了婚的女人還帶著孩子，可以想像以後的生活會有多麼艱難，可是她還是一個人扛過來了！

白經理拒絕任何人的幫忙，即使是自己的家人，她也沒有求助過，她的自尊和倔強不允許她向任何人低頭。好在白經理很快就振作起來、東山再起。

她開始拾起以前的專業、規劃自己的未來，一步一步地，慢慢地學習新知識。可是跟時代脫節太久，很多東西學起來都很困難，但是她仍然咬牙堅持下來。

她給自己定訂的改變計畫，第一步就是從自己的外形開始。

由於長時間的不運動和不出門，她想要恢復以前的身材還是有點難度的，因此她堅持每天早上五點去公園跑步，鍛鍊身體。送完孩子上學之後，就趕緊去參加報考的培訓班。

那段時間據白經理講述，是她人生最黑暗的日子，她只能自己咬牙堅持。

現在，無論是大會議、小會議，總是能聽到老總對白經理的讚美，同事們也都羡慕和敬佩白經理的能幹。

白經理總是笑笑不說話，因為她知道，那些加班累到昏倒，一刻不敢歇息的時候；那些深夜獨自哭泣，還要強忍哭聲不敢吵醒孩子的時候；那些生病也捨不得去醫院，只能吃點藥熬過去的時候，說出來，也沒人會感同身受。

從小到大，聽過最多的一句人生忠告就是：「女孩子一定要堅強獨立，不依靠任何人，才能活得自在。」

新世紀的女性最明顯的特徵就是越來越獨立、越來越堅強，似乎越獨立就會越幸福自在。

我們從小時候就熱切地渴望獨立，以為離開家、離開父母就是一種獨立的表現，以為獨立就是自由，自由了就會幸福了！然而等到真正獨立的時候，才發現獨立、成熟就是在外人面前強忍淚水和故作堅強。

生活從來都不是一帆風順的，會有很多的磨難和挫折阻擋著我們。雖然不是每個人都能在跌倒之後重新堅強地站起來，但是那些在外人看來挺直腰杆繼續前行，看起來步履輕鬆的人，都是在跌倒了無數次之後，傷痕累累，卻還能掙扎著爬起來，迎風而上。

我遇到過很多女生，在下班時碰到暴雨天氣，路上計程車很少，寧願自己站在風雨裡等車，也不願意打電話叫男朋友來接她；在外地不小心迷了路，自己嚇得六神無主，差點哭出來，也強忍著不打電話給男朋友尋求安慰；從來十指不沾陽春水的人，現在自己也能扛著桶裝水爬樓梯。

我想，如果可能，每個女生都不願意活得這麼堅強獨立、刀槍不入——因為所有人前的獨立和堅強，背後都是淚水和傷疤堆砌的城堡！

你不需要被所有人喜歡，你只需要被自己所喜歡

把別人的喜不喜歡看得太重，反而會適得其反，
累壞自己，還得不到想要的結果，
只換來別人變本加厲的不尊重。

前些日子，因為工作原因認識了洋洋，她溫柔、熱情又善良。我第一次去她公司見她的上司時，洋洋先是幫我列印檔案，又是為我泡茶倒水，服務非常周到。

中間，洋洋的上司出去接個電話，她很體貼地找話題跟我聊天，生怕我感覺無聊，到了中午，還熱情地幫忙盛飯、端菜。我在心裡感嘆，這樣的姑娘真是討人喜歡，如果我是個男的，一定要娶她回家。

對於這麼一個讓人如沐春風的姑娘，我含蓄地向她的上司表示了我對她的欣賞，誰知道上司竟告訴我，洋洋在公司裡的人緣並不怎麼樣。

我對此十分不解，如此善解人意的姑娘，怎麼會人緣不好呢？是其他人都眼瞎，還是她其實是個表裡不一的人，只是在上司面前做表面功夫？

第二次去洽談合約時，我早到了一會兒，洋洋熱心地帶我去會客室等一會兒，我便開始認真觀察起她來。

洋洋午休回來時手裡拎了一袋水果，進入公司後就分發給辦公室裡的每個人。但是同事的反應都非常冷淡，有的人面無表情，頭也不回地說了「謝謝」兩個字；有的人只是「哦」一聲，連聲謝謝也不說，隨便往辦公桌上一指，示意她放在那裡；還有人直接表示，不需要。

一圈下來，這位姑娘連一句真誠的感謝都沒有得到。

洋洋就像一位得不到糖的孩子，默默地回到自己的位置上，開始處理自己的工作。這時候一位同事接了一通電話，掛了之後匆匆拿起包包就往外走，邊走邊對洋洋說：「我有事要出去一下，這個表單你幫我交到總務處去吧！」

洋洋立刻熱情地接過報表，表示一定會做好。同事朝她敷衍地笑了笑，道了聲謝，只是聽在我耳裡，十分功利。

洋洋放下手裡的工作，趕緊拿著文件去了總務處。

兩個小時後那位同事回來，問起這件事，洋洋說已經交給總務處經理了。同事一聽臉色立刻沉了下來：「你交給她幹嘛？應該先給出納組的小沈才對啊！早知道就不找你幫忙了，真是幫倒忙。」

洋洋連聲向對方道歉、極力解釋。同事只是嫌惡地看了她一眼，嘀嘀咕咕地去總務處了。可憐的姑娘感覺自己犯了多大的錯誤一樣，無所適從地站在那兒，陷入了無限的自責之中。

在接下來的時間裡，洋洋一直仔細觀察著四周的動靜，如果誰讓她幫一下忙，甚至只是跟她說一句話，她就會像得到特赦一樣。

我從合作方口中了解到，洋洋是剛來的新人。剛入職場的新人總是這樣，傻白甜得像聖母一樣，希望得到周圍每個人的肯定和喜歡，生怕得罪任何人，自願地成為部門所有人的打雜小妹，接受著不屬於自己的工作，深怕自己一不小心就得罪了人。

其實，當你越想得到別人肯定時，反而越會得罪人。你越是卑躬屈膝、越是小心翼翼，別人越會看輕你。

把別人的喜不喜歡看得太重，這樣反而會適得其反，不僅累壞了自己，還得不到想要的結果，只能換來別人變本加厲的不尊重。

就像談戀愛一樣，越是小心討好的那一方，越得不到另一方的重視，人就是這樣犯賤。

我有一位很好的閨密小雅，別看她名字取得文文靜靜的，為人毒舌又話語犀利，她可以非常乾脆地拒絕別人的要求，毫不留情地回敬別人的惡意，自己不想做的事情完全不搭理，一切按照自己的意願生活，毫不在意別人的看法。

我剛認識她的時候，非常不能接受她為人處世的方式，相熟了之後，我才習慣她這種個性的表達方式。

有次，小雅晚上要加班，打電話跟我抱怨晚飯恐怕又沒得吃了！正好我當天沒什麼事，就說幫她送晚飯過去。我到她公司的時候，她不在辦公桌前，問了旁邊的同事，說是去上司那裡交差了。

我當時帶了飯盒，還買了一些麵包、薯片之類的零食，提在手裡頗重的，就把袋子放在招待區域的茶几上，然後坐在沙發上等她。

我百無聊賴地邊等邊玩手機，隱隱約約，好像還聽見坐在小雅旁邊的同事喊著餓，甚至時不時看了幾眼我帶來的飯菜。

來的時候，我想過是不是要給小雅的同事也準備一些，幫她打點打點人際關係。但因為是自己做的飯，而且小雅所在的部門人數眾多，憑我一己之力根本沒辦法照顧到所有人。如果只照顧周圍的幾個人，反而會引起爭議，吃力不討好，所以我就放棄了這個想法。

所以這時候，我只能不吭聲，繼續做個縮頭烏龜。

後來，我去了趟洗手間，回來時遠遠就聽見小雅的大嗓門：「你怎麼那麼隨便啊？這是我的東西，我答應你動了嗎？」

我趕緊往回跑，就看見小雅氣沖沖地指著一個同事的鼻子罵，再一看茶几上的袋子被翻得亂七八糟的，周圍幾位同事的手裡也都有零食。我明白了，一定是那位同事趁著我去洗手間的時候分吃了小雅的零食。

正所謂奪食之仇、不共戴天。小雅真是怒火沖天，我趕緊勸她道：「小雅，別這樣！都是同事，以後還要一起工作呢！互相都留點面子。」

「哼，這種人給她留什麼面子？不問自取、小偷行徑。」

「你說誰是小偷？我不過吃了你一點零食，有那麼嚴重嗎？袋子裡有那麼多，又沒說不能動。上次加班我請了大家吃宵夜，我當然以為你也是要請大家吃的，誰知道你是要吃獨食呀！」

眼看著戰火又被挑起，我連忙攔住小雅，在她耳邊告誡：「注意影響，你以後還要在這裡工作呢！引起他們的不滿，小心以後他們給你下。」

可是小雅根本不管這些，我只好生拉硬拽地把她拉走，才平息了這一場暴風雨。

事後，我問她：「你這麼隨心所欲，真的一點兒也不擔心得罪人嗎？」

小雅很鄙視地看了我一眼：「我又不是人民幣，能讓每個人都喜歡我。再說了，我也不用人人都喜歡我，有我自己喜歡自己就夠了！」

是啊！為什麼一定要得到別人的喜歡呢？一輩子那麼短，為什麼要為別人活著，自己開心才是最重要的，在乎別人幹什麼？

小時候的我們也曾直率、單純，從不會顧忌別人的看法，想哭就哭、想笑就笑。但是不知從什麼時候起，我們變得事事小心翼翼，希望自己能夠成長為一個人見人愛的人，能夠變得圓滑，能夠討所有人開心。

列斯科夫說：「世界上有兩種人，一種是活給別人看；另一種是活給自己看。」我們不必做一個人人都喜歡的人，你能夠成為自己就好。與其絞盡腦汁又徒勞無功地想著如何讓別人喜歡，倒不如努力活成自己喜歡的樣子。

放心吧！他過得不好，你也不會開心的

他是自己的一段青春歲月，
誰都不想讓青春變得慘不忍睹，
辜負記憶裡美好的回憶，後悔在彼此身上消耗的時光。

你過得幸福，我會難過；你過得不幸福，我也不會開心——好多人對前任都是這樣說的。

朋友小江是個未婚女子，年齡不大但老是被家裡催婚。

做為一個單身宅女，不到冰箱空空如也是永遠不會想要把它填滿。而小江在無聊到至

極的時候，決定外出覓食並購買生活用品。

到了超市，她就直奔零食區，那是此行的主要目的。

在她挑選餅乾時，旁邊有一對父子，那當爸的有些小氣，反正就聽著那小孩子嚷著要吃這、要吃那，但是做爸的一直不出聲，也就是不答應。不過她也沒太在意，主要是自己選零食選得太認真了。

零食買完了，經過賣玩具的區域時，小江聽見剛剛那個又哭又鬧的小孩子非要買什麼玩具不可，男人無可奈何，一個勁地說這個玩具品質不好、價格太貴云云，售貨員在旁邊聽著，臉掛都掛不住。

而小江剛才選零食時沒注意，這下一聽，聲音有點耳熟，仔細一看，那男人長得也相當眼熟——恍然想起，那不是自己不堪回首的初戀嗎？

當時，小江使勁揉了揉眼睛，怕眼瞎啊！事實上她情願眼瞎。那張臉還是那張臉，但是整個人可寒酸了，寒酸到不行——沒有打理過的髮型，面有菜色，穿著劣質的羽絨衣，反正從頭到腳、全身上下都LOW到不行。

那小孩子也是，雖然穿了很多衣服，但給人的感覺就是衣服不保暖，拿數量來湊。

當時小江心裡特別震動，畢竟他是高中的初戀啊！當初也一起非主流過的不是嗎？所以她輕輕地走了過去，瞄了一眼他兒子看中的玩具，別說還真不便宜，三百多元呢！就那種類似於變形金剛或鎧甲勇士之類的機器人。

初戀也看見小江了，臉色當時就不太自在了！

小江調整好表情，走過去拿起那個玩具：「小朋友，阿姨送給你好不好？」也不等他們回答，趕在他們之前拿到櫃檯付了款。

等著他們付款出來，小江便把玩具遞給他兒子。小孩子不懂事，看見玩具到手非常開心，一把就接了過去！

但是初戀的表情就不太好看了！一副非常不好意思又非常尷尬的樣子。他一直催著兒子把玩具還給小江，他兒子倔強，抱著玩具就是不放手。

小江趕緊說：「沒事，怎麼說也是老同學，第一次見你孩子，就當見面禮好了。你要是覺得過意不去，請我吃頓飯就行了。」

嗯，很好，姿態很高傲！小江就是給他找個臺階下。

後來去了一家中餐館，裝潢一般的那種，初戀拿著菜單看了一眼，有些窘迫的感覺，不過還是說了讓小江隨便點。

小江當真不客氣，兩個大人、一小孩子，三人共點了七盤菜。看著他緊張兮兮的樣子，小江當時真有一種很得意的感覺：「誰叫你打腫臉充胖子啊？活該！」

好吧！為了避免小江被打成一個小人得志不要臉的前任，我覺得這個時候該交代一下小江和初戀的背景了。

小江和初戀在高中認識的，高三畢業之後，面對即將到來的分離，兩人感情逐漸乾柴烈火，終於在某個月黑風高的晚上擦槍走火了。而小江不幸蒙得衰神垂青，居然懷孕了，而且還是在快要上大學的那個時間點發現的。

當時嚇得小江心驚膽跳。要知道小江的家風甚是嚴謹，被家裡人知道了那不只是要脫層皮可以解決的啊！

於是，小江找人借錢，做了墮胎手術，不敢到正規醫院去，只能聯繫一間小診所。

初戀怕小江出事，擔了責任，一個勁地勸她把孩子留下，卻一點也不作為，甚至開始躲躲藏藏、不見人影，最後，竟然還跑去向小江媽媽通風報信。

小江被爸媽帶去大醫院，她被罵得超慘，連我聽了都心驚膽顫的。

從此，初戀再也沒有出現過。

小江告訴我這件事時，一臉報了多年深仇大恨的感覺，慶幸地說道：「你說我當時怎麼就瞎了狗眼看上他了呢？你是沒看見他現在那副熊樣，一頓兩百多塊的飯都請不起，哎喲！那真叫一個窮酸哪！老娘甩了他，簡直是明智到不能再明智了。」

「還有，我後來見到他的老婆，可不得了，穿得特別危險，長得特別安全。哈哈哈，謝君當年不娶之恩啊！哈哈。」

呵呵，是你甩了別人嗎？我怎麼記得是你老被拋棄的呢？當然，對於這種陷在自己幻想中不可自拔的人，我連白眼都懶得給，何必浪費唇舌。

很多人在分手後，都會咬牙切齒地發誓，以後任何方面都一定要過得比對方好，巴不得對方從此以後都過得淒慘無比。

聽到對方消息後，都會拿來和自己比較，過得比自己好，就會貶低對方，一定是靠了見不得人的手段；混得比自己差，就會洋洋得意，好似人生中只有這件事可以揚眉吐氣。

前任之所以叫前任，那是因為曾經在彼此的生活中或多或少佔有分量。前任與你總會生活在共有朋友圈中，你們之間只是沒有聯繫，而不是沒有關係，老死不相往來的是陌生人，甚至是敵人。

我也曾與前任不期而遇，但情況與朋友小江正好相反。

那時我剛辭掉一份不如意的工作，面試完一家公司後，在去另一家公司面試時遇見了他。

那時候的我每天不停地投簡歷、不停面試，整天忙得腳不沾地，再精緻的妝容也掩蓋不住臉上的疲憊。前男友一身筆挺的西裝，雄姿英發，身邊還挽著一位知書達理的女孩。

那天遇見後，前男友幫忙給了我一個面試的機會，被錄用後，我請他吃飯以示感謝。他坦言當初我提出分手後，他心裡非常不捨，幾次想找我挽回，但是他知道這個決定是對的，對兩個人都好。現在他找到了自己的幸福，希望我也能過得好。

現在，我每月靠著那點微薄的薪水艱難度日，而前男友卻已成為公司賴以重用的精英，有車有房、夫妻恩愛。而我們已經能夠坐下來一起談笑風生，這樣難道不是最好的結局嗎？

誰願意看見自己曾經愛過的姑娘變成一個皮膚粗糙的黃臉婆？誰願意看到曾經付出真心的少年變成一個肚大腰圓的大叔？誰願意看到曾經風華絕代、躊躇滿志的愛人窮困潦倒、萎靡不振？

承認吧！看到前任過得不好，你並不會開心。無論之前放過什麼樣的狠話，可是一旦聽到他說近況不好的時候，你反而會難受。

這不代表沒出息，因為前任是你曾經真心真意愛過的，從曾經牽手承諾走天涯到現在揮手說拜拜；從各種佔據對方生活和交友關係到現在的沒有任何關係。

他是自己的一段青春歲月，誰都不想讓青春變得慘不忍睹，辜負記憶裡美好的感覺與回憶，後悔在彼此身上消耗的時光。

就算上帝開錯了窗，也別失去打開另一道門的勇氣

如果上帝不小心開錯了窗，你應該覺得幸運，能在茫茫人海中得到上帝賞識的機會，那是對你的恩寵。

一九八二年的春天，一名羅馬尼亞的女性因為寫了一部揭露當權者醜惡嘴臉、反映當局腐敗行為的書籍，被羅馬尼亞政府逮捕。

因為沒有足夠的證據能證明她有罪，當局只能把她關押在政府軍司令部旁的一間臨時監獄。女孩身體柔弱，禁不起這樣的折騰，於是她不停地啜泣。然而，她轉念一想，認為自己沒有犯罪也沒有錯，她相信正義終將戰勝邪惡，堅信上帝會幫助自己。

因此，她便停止哭泣，抬頭看了看穿過鐵窗照射進來的陽光，發現這座臨時監獄有一扇窗沒有玻璃。她欣喜若狂地感謝上帝為自己留下一扇可以逃生的窗，接著，她便不動聲色地等待逃跑的機會來臨。

一天晚上，她趁獄卒換崗時，將自己的身體縮成一小團，奮力地鑽出窗戶，不管前方是否有路，就拼命地往前奔跑。

可是，上帝開錯了窗，她竟然跑到政府軍司令部裡去。

她的意外現身，讓司令部裡所有的人都大吃一驚，隨即，她立刻遭到逮捕，被關進了地下室。

好不容易逃出龍潭，卻又進入了虎穴，上帝實在是太不幫她了。

地下室，是不可能逃得出去的。她深感絕望，一連好幾天，她都想了結自己的性命。

可是，明明錯的不是她，而是可惡的政府，為什麼遭罪受的卻是她呢？難道上帝就那麼不長眼嗎？難道上帝看不到在政府鐵蹄下受苦受難的人民嗎？

既然上帝打了瞌睡，那她只能自己為自己做主；既然上帝開錯了窗，那麼她就必須運用智慧為自己開窗。她必須要安然無恙地出去，她所愛的人們都還在外頭等著她呢！正面積極的力量促使她振奮起來，她開始尋找所有可能逃出去的機會。

她發現一處鬆軟的土壤，便開始徒手挖掘，經過幾天的努力，她挖到一條已經廢棄的隧道，而那條隧道正好可以容得下她的身軀，於是，她便不顧一切地爬了進去。

經過八個多小時的努力，她終於逃出魔窟，後來還成為世界著名的作家。

而這名女性就是赫塔・米勒，她於西元二〇〇九年獲得了諾貝爾文學獎，評審委員會稱其「以詩的凝鍊，散文的率直，描繪流離失所者的處境」。

上帝不能時時刻刻都關照你，偶爾也會有偷懶打瞌睡的時候。如果上帝不小心為你開錯了窗，你要做的不是妥協認命或默默承受一切，而是敢於和命運抗爭，用不屈不撓、堅韌不拔的毅力，為自己打開正確的窗。

還是那句老話——天助自助者也。如果你能將自己的人生緊緊抓牢，總有一天，上帝會注意到你的。所以，別急，你要的一切，歲月都會給你。

我有一位青梅竹馬，從小就是個很會折磨自己的人，然而，他所有的折磨在別人眼裡都是不務正業。別人有理由這麼認為，因為他做的大多數努力，最終都失敗了。

他國中畢業後就不再就學，父母不指望他能光宗耀祖，認為他能和村子裡大多數人一樣出去打幾年工，掙點錢，娶妻生子就行了。

可是，他不想過這樣的生活，一心想做點別的事情。

那時候，我們村和附近幾座村子都沒有超市、便利商店，平時若要買點生活用品、新鮮水果，就得前往鎮上或者鄰村五天一次的集市。

因此，他想，如果販賣蔬菜、水果，說不定會是個商機，便把這樣的想法和父母親商量，父母則贊助了他幾千塊錢。

他就拿著這幾千塊，騎著家裡的舊腳踏車，開始了他的第一次創業。

他的想法很好，但現實卻給了他當頭一棒。

原來，村裡的人都習慣了以前那種生活方式，平時上街趕集，買的蔬果也都夠一家人吃好幾天，所以他的生意並不好，每天若能回本就要謝天謝地了。

村裡的人都笑他傻，說他不務正業，整天胡思亂想。也許，在大家眼中，離鄉去打工才是唯一的出路。

不管別人怎麼說，他還是堅持下來了。附近幾個村落的人，也逐漸改掉原本那種一買就用好幾天的囤積習慣，開始每天向他購買新鮮蔬果，於是他的生意慢慢好起來，也掙到了一些錢。

看到這樣的情況，村裡有一戶人家覺得有利可圖，便在路旁開了間小型超市，也專賣蔬菜水果。於是，他的生意又陷入了危機。更讓他感到難受的是，他辛辛苦苦賺來的錢還被騙子給誆騙走了。

村子裡風聲四起，有人說他是賭博欠債才導致虧本，也有人說他是犯了違法的事而被罰款，最不可思議的是，竟有人說他是因為上酒家或嫖妓敗光了家產。

對於這些謠言，他很清楚，卻從來不辯解。而這蔬果生意看來也做不成了，他便開始想其他出路。

當時城裡蓋了一座商場，為了吸引商家進駐，給了各種優惠條件。他覺得這是個不錯的機會，便東湊西借地籌到了錢，在商場租下一間店面，做起了服裝生意。

因為對服裝生意不是很了解，於是他找了一名女孩合夥。那女孩人長得不是特別漂亮，卻相當善解人意。

剛開業時，商場雖然人山人海，但往往是看的人多，買的人少，服裝店的生意一直不慍不火，這情況讓他心急如焚。

那女孩看在眼裡，經常寬慰他，兩人就這樣發展成戀人關係。用他的話來說，這是他這些年來做下為數不多的正確選擇。

他的服裝生意未能起色，年底時收了店，關門大吉。而這下，他不僅沒賺到錢，連老本也都敗光了。他將所有的服裝打包帶回家，整天待在屋裡，大門不出二門不邁，一整天不說上一句話。

父母很是焦急，卻不知道該怎麼辦。幸好女友不離不棄，天天往他家跑，給他做飯、洗衣，靜靜地陪著他。

一個月之後，他想通了——日子還是得繼續，生活還是得好好過，逃避不能解決任何問題。既然命運不讓他好過，那他要更勇敢，要更努力地去打敗橫越在面前的種種障礙。

現在能做什麼呢？除了販賣蔬果，別的行業他都不是很了解——對，那就再從這個行業開始。

當然不能再像以前那樣擺攤，那麼就買輛貨車吧！可是他現在一無所有，哪來多餘的錢可以買車呢？

女友知道後，決定幫助他，便借了幾萬塊給他。而他父母見他主意已定，也拿出辛苦攢下的數萬元供給他。他用這些錢再向銀行貸款，總算買下一輛貨車，開始了他的第三次創業。

那一年，貨車生意還算好，走南闖北，沒有空閒的時光。不到兩年，他還完了向親友借的錢，還清了銀行貸款，也把父母的養老金都賺到了。於是，他到女友家提親，兩人順利成婚了。

婚後，他考量到總不能一輩子開貨車，早晚還得有別的營生，所以每次載貨時，都會特別留意其他可做的生意。

然而，現實又跟他開了玩笑。有一回載貨回家，不小心撞上了高速公路上的安全島，車子和車上的貨物損毀嚴重，值得慶幸的是，人沒有什麼大礙，只有小腿骨折。

他在床上躺了四個月，覺得貨車生意真的不能再繼續了。小腿傷好了一些之後，他用保險公司的理賠修好了車、賠償了客戶的損失，然後就把貨車賣了。

謀生的工具沒了，接下來要怎麼走，他自己也沒有了主意。

他太太是個很有想法的人，跟他提議：「你看，左鄰右舍吃冬粉的比較多，這附近沒有專門做冬粉的工廠，不如我們就開個冬粉工廠吧？」

這想法是可行，可是這附近也沒有人會做冬粉，所以他用了大半年的時間，到臨近鄉鎮的一家冬粉工廠打工，學習做冬粉的各種技術。

第二年夏天，他開始籌建冬粉工廠，貸款、申請營業執照、為品牌註冊商標。

同年十一月，他的工廠建設完畢，開始生產。沒想到冬粉一上市，立即在當地引起了極大關注，又因為快過新年，所以生意異常紅火，經常加班加點還不能滿足客戶的需求。

某次閒聊時，他對我說：「你們看到我吃的那些苦頭，其實不及我吃下的全部苦頭的十分之一。有時候活得累了，我會覺得老天真不公平，一次次地和我開各種玩笑，要是可能，我連滅了他的心都有。只是，老天可以和我們開玩笑，我們可不能開自己的玩笑，如果你自己都不肯努力，還能指望誰呢？我就愛折騰，所以我要把自己折磨到連老天都無可奈何。」

我想，如果上天不跟你開玩笑，那你的生活還有什麼意義呢？做著千篇一律的工作，過著千篇一律的日子，走著千篇一律的道路，重複著千篇一律的生活，等到年老時，才發現沒有什麼值得懷念的回憶，這樣的人生真是自己想要的嗎？

《孟子》有言：「故天將降大任於是人也，必先苦其心志，勞其筋骨，餓其體膚……」上天決定讓你輝煌，在你的能力尚未達到時，他會用一些手段幫助你提昇自己。如果你堅持不到最後、承受不住那些挑戰，你就看不到上天原本為我們準備的大禮。

如果上帝不小心開錯了窗，你應該覺得幸運，於茫茫人海中，能得到倍受上帝賞識的機會，那肯定是上帝對你的特別關照及恩寵。

每個人的生活都不會是一帆風順的，倘若上帝開錯了窗，也許是為你留了一扇門。沒人能告訴你那扇門在哪？而真正能幫助你的人只有你自己。

國家圖書館出版品預行編目(CIP)資料

致我們扭曲的記憶——前任 / 南陳著.
-- 初版. -- 臺北市 : 力得文化, 2018.05
面；　公分. --（好心情；4）
ISBN 978-986-93664-8-9（平裝）
1.兩性關係　2.心理勵志

544.7　　107005308

好心情 004

致我們扭曲的記憶——前任

初　　版　2018年5月
定　　價　新台幣299元

作　　者　南陳
出　　版　力得文化
發 行 人　周瑞德
電　　話　886-2-2351-2007
傳　　真　886-2-2351-0887
地　　址　100 台北市中正區福州街1號10樓之2
E-mail　best.books.service@gmail.com
官　　網　www.bestbookstw.com
執行總監　齊心瑀
行銷經理　楊景輝
執行編輯　王韻涵
封面構成　高鍾琪
內頁構成　華漢電腦排版有限公司
印　　製　大亞彩色印刷製版股份有限公司

港澳地區總經銷　泛華發行代理有限公司
地　　址　香港新界將軍澳工業邨駿昌街7號2樓
電　　話　852-2798-2323
傳　　真　852-2796-5471

Leader Culture

Lead the Way! Be Your Own Leader!

Leader Culture

Lead the Way! Be Your Own Leader!